Stefan Bauberger

Glück ohne Ratgeber

Stefan Bauberger

Glück ohne Ratgeber

Eine Philosophie des Gelingens

FREIBURG · BASEL · WIEN

Satz: Carsten Klein, Torgau
Herstellung: CPI books GmbH, Leck

Printed in Germany

ISBN Print 978-3-451-38448-6
ISBN E-Book 978-3-451-81563-8

Inhalt

Worum es geht

Es geht in diesem Buch um das Glück und um Religion, beziehungsweise den Kern, das Herz von Religion. Beide Themen – Glück und Religion – hängen zusammen, sie hängen sogar eng zusammen. Deshalb diese Verbindung. Über das Glück zu reden und zu schreiben ist modern, im Gegensatz zum Thema Religion. Daher zunächst ein paar Worte zu diesem weniger modernen Thema, oder um es modern zu sagen, zu diesem Mega-out-Thema.

Vor fast zwanzig Jahren nahm ich in der Tempelstadt Varanasi in Indien an einer Führung teil, organisiert von dem Hotel, in dem ich übernachtete. Ein frommer Hindu zeigte uns einige Tempel und erklärte sie uns. Die Mehrzahl der Teilnehmer an dieser Führung bestand aus jungen Touristen aus aller Welt. Der Führer war sichtlich genervt vom wenig respektvollen Verhalten einiger dieser Touristen in seinen Tempeln, was ich gut verstehen konnte, denn auch ich war peinlich berührt. Während ich etwas abseits von der Gruppe durch einen der gezeigten Tempel ging, sprach mich der Führer an: »Sie sind doch auch ein religiöser Mensch?« Meine Antwort: »Ja, ich bin ein katholischer Priester.« Darauf erwiderte er, der fromme Hindu: »Sehr gut, sehr gut!«

Dieses Verstehen zwischen uns bewegte mich tief, und ihm erging es ganz offensichtlich sehr ähnlich. Etwas verband uns in diesem Augenblick und ließ uns das respektlose Verhalten der anderen Touristen vergessen. Dieses Etwas kann ich nicht klar in Worte fassen. Und ich hätte dieses Etwas wahrscheinlich auch nie den anderen, den Respektlosen, so erklären können, dass sie es verstanden hätten. Denn es ging nicht etwa um den mangelnden Respekt. Wäre dem so gewesen, hätte ich durchaus vermitteln können, warum dieser Respekt angebracht gewesen wäre. Es ging um die Dimension des Absoluten, des Göttlichen, womit schon zu viel gesagt ist, als könnte man es in Worten ausdrücken. Dieses Etwas, das in einer solchen Weise verbindet, ist mir nicht nur in dieser einen Situation begegnet, ich kenne es in meiner eigenen Religion und auch sonst vielfach aus dem Zusammentreffen mit Gläubigen anderer Religionen, aber ebenso auch aus der Begegnung mit spirituellen Suchern ohne Religion.

In der Dimension, in der diese Begegnung stattfindet, gibt es kein Vergleichen, kein Gegeneinander von Religionen. Da gibt es nur den Bezug auf das Absolute, für das viele unterschiedliche Namen existieren. Ich erinnere mich an ein öffentliches Streitgespräch während meines Theologiestudiums, in dem ein indischer Jesuit und Theologe, der im interreligiösen Dialog aktiv ist, bedrängt wurde. Alles wurde auf die ultimative Frage zugespitzt: »Wie steht

es jetzt um den Absolutheitsanspruch des Christentums?«
Seine Antwort lautete: »Gott ist absolut.« Diese Absolutheit trennt die Religionen nicht, sondern verbindet sie
in ihrem Kern. Die jeweils eigene Religion muss immer
gegen Verflachungen verteidigt werden. Nicht nur Gott
ist absolut, sondern auch sein Anspruch an diejenigen,
die ihm folgen. Eine bürgerliche Verharmlosung von Religion zerstört Religion von innen her. Doch Absolutheit
darf nicht falsch verstanden werden. Der indische Dichter
Rabindranath Tagore betet verbunden mit der absoluten
Wirklichkeit: »Erlöse uns (…) von den Glaubensformeln,
die mit Ausschließlichkeit prahlen.«[1] Der absolute Anspruch der absoluten Wirklichkeit drückt sich nicht im
Kampf der Religionen aus.

Auf der äußeren Ebene gibt es Religionen mit ihren jeweiligen unterschiedlichen Traditionen, es gibt einen Dialog der Religionen und ein Gegeneinander der Religionen
und eine Konkurrenz. Es ist wichtig zu verstehen, dass es
im Herzen, im Kern, aus dem die Religionen entspringen,
das alles nicht gibt. Dort zählt nur das Absolute, nur dieses
hat einen Wert, nichts anderes.

In diesem Bezug auf das Absolute treffe ich mich mit
Gläubigen vieler Religionen – und gleichzeitig finde ich
diesen Bezug leider oft genug nicht in der Begegnung mit
Angehörigen meiner eigenen Religionen, dem Christentum und dem Buddhismus. Und das, obwohl es für mich
das Wichtigste ist, wovon diese Religionen sprechen, wonach sie suchen und was darin zu finden ist. Es ist nicht

nur das Wichtigste in diesen Religionen, sondern das Wichtigste überhaupt. Und auch dieser Vergleich trifft es noch nicht, weil nichts im Leben überhaupt eine Bedeutung hat im Vergleich zu diesem Unsagbaren. Jedenfalls stimmt das, sobald dieses Unsagbare im Bewusstsein ist. Denn dann hat nichts anderes noch eine vergleichbare Bedeutung. Wenn es aber entschwunden ist, ist es so, als hätte es nie existiert. Aus dieser Erfahrung des Vergessens kann ich auch diejenigen verstehen, denen dieses Religiöse oder Spirituelle ganz fremd ist. Es gibt kein Verstehen dieses Bereichs aus dem normalen Weltlichen heraus, es gibt keine Verbindung dorthin. Aus dem Bereich des »Weltlichen« betrachtet ist es, als würde das Absolute gar nicht existieren.

Es scheint so, als ob die meisten Menschen in Europa inzwischen den Bezug auf diesen Bereich verloren hätten. Es gibt hier eine große Krise der Religionen, jedenfalls des Christentums. Aber vielleicht ist es gar nicht so, dass da etwas vom Kern, vom Herzen der Religionen verloren gegangen ist. Vielleicht ist nur die kulturelle und gesellschaftliche Bindung an die Institutionen der Religion, an die Religionsgemeinschaften verloren gegangen. Wie schon gesagt: Auch innerhalb dieser Institutionen, innerhalb der Religionsgemeinschaften, ist der Bezug auf diesen Bereich des Absoluten keineswegs selbstverständlich. In der Bibel wird Jesus mit den Worten zitiert: »Nicht jeder, der zu mir sagt: Herr, Herr! wird in das Himmelreich kommen, sondern wer den Willen meines Vaters tut, der im Himmel ist. Viele werden an jenem Tag zu mir sagen: Herr, Herr, haben wir nicht geweissagt in deinem Namen, in deinem Namen Dämonen ausgetrieben und in deinem Namen viele Wunder gewirkt? Dann werde ich ihnen bekennen: Ich habe euch nie gekannt.« (Mt 7,21–23a)

Weder garantiert die Mitgliedschaft in einer religiösen Gemeinschaft, dass eine Verbindung mit dem gegeben ist, was Religion ausmacht, noch schließt Religionslosigkeit eine solche Verbindung aus.

Während ich an diesem Buch schreibe, wird ein erschreckender Bericht über Missbrauch an Kindern und Jugendlichen durch Priester der katholischen Kirche in Deutschland veröffentlicht. Gleichzeitig läuft, weit weniger von der Öffentlichkeit bemerkt, innerhalb der Deutschen Buddhistischen Union eine schwierige und kontroverse Auseinandersetzung über Machtmissbrauch und sexuellen Missbrauch durch spirituelle Führer, von denen einige sehr bekannt und erfolgreich waren. In einigen Fällen sind auch Kinder davon betroffen, meist eher Erwachsene, wobei es aber auch hier um Abhängigkeitsverhältnisse geht, die missbraucht worden sind. Als bemerkenswert erweisen sich die Reaktionen aus dem Inneren dieser Religionsgemeinschaften. Innerhalb der katholischen Kirche zeigt man sich tief erschüttert. Und doch wird sich durch diese Erschütterung nichts Wesentliches an den Machtstrukturen ändern, jedenfalls steht das zu befürchten. Die Erschütterung wird schnell verklungen sein im Angesicht der Festigkeit der Strukturen der Institution. Einige innerhalb der Institution sind, davon gehe ich aus, tatsächlich tief erschüttert, und sie werden unter der institutionellen Starrheit leiden. Auch in den buddhistischen Schulen gibt es aufrichtig Erschütterte, aber auch dort weist nichts darauf hin, dass tiefgründige Reformen zu erwarten wären. Im Buddhismus sind die Institutionen selbst weniger ausgeprägt, aber gerade in den von Missbrauch betroffenen Schulen gab es mindestens genauso starke und starre Machtstrukturen.

Das Äußere der Religionen folgt weltlichen, nicht göttlichen Regeln. Dort geht es um Macht, es geht um Geld und um Ansehen, wie in allen anderen Institutionen auch. Die Spannung zwischen dem, was ich das Herz von Religion nenne, und diesen äußeren Strukturen ist manchmal schwer zu ertragen. In den religiösen Traditionen wird ein Bezug auf das Absolute weitergegeben, doch das geschieht nie ungebrochen, manchmal sogar grotesk verzerrt, und gerade deshalb muss dieser Kern von Religion immer wieder neu entdeckt werden. Nur in diesem Wiederentdecken sind Religionen wertvoll, sie sind es nur, soweit dieses Wiederentdecken gelingt. Insofern ist die Krise der institutionellen Religion vom Herz der Religion her gedacht eine große Chance, wenn sie zu diesem Wiederentdecken des Ursprungs führt – und nur dann folgen die Traditionen und Institutionen ihrer eigentlichen Bestimmung, wenn sie selbst unwichtig werden und hinter dem verschwinden, woraus sie entspringen und woraufhin sie zielen.

Gustav Mahler soll, in Anlehnung an Jean Jaurès, gesagt haben: »Tradition ist nicht die Anbetung der Asche, sondern die Weitergabe des Feuers.« In der Praxis ist Tradition natürlich beides. Deshalb muss religiöse Tradition immer wieder von Neuem zum Leben kommen, deshalb muss sie immer wieder zum Feuer werden. Die Versuchung der Anbetung der Asche bleibt groß – und sie lässt sich viel besser organisieren als das Feuer.

Noch einmal zurück zu den Missbrauchsskandalen. In der katholischen Kirche wird beklagt, dass durch diese Vorkommnisse das Vertrauen der Gläubigen in die Kirche erschüttert ist. Von buddhistischer Seite höre ich die bange Frage: »Ist der Buddhismus also genauso verkommen und korrupt wie die anderen Religionen?«[2] Für die Opfer des Missbrauchs klingen solche Fragen, insbesondere nach dem beschädigten Vertrauen, zynisch. Denn diese Fragen drehen sich um das Wohl der Institutionen, und gerade diese Fixierung hat vielfach dazu beigetragen, dass Missbrauch vertuscht wurde. Mit grausamen Folgen. Wenn es um den Kern von Religion geht, sind Fragen nach dem Wohl der Institution unwichtig, sie spielen keine Rolle. In diesem Kern hat auch der wertende Vergleich mit anderen Religionen nichts verloren.

Der evangelische Theologe Dietrich Bonhoeffer schreibt aus dem Nazi-Gefängnis: »Wenn man völlig darauf verzichtet hat, aus sich selbst etwas zu machen – sei es einen Heiligen oder einen bekehrten Sünder oder einen Kirchenmann (eine sogenannte priesterliche Gestalt!), einen

Gerechten oder Ungerechten, einen Kranken oder einen Gesunden – und dies nenne ich Diesseitigkeit, nämlich in der Fülle der Aufgaben, Fragen, Erfolge und Misserfolge, Erfahrungen und Ratlosigkeiten leben –, dann wirft man sich Gott ganz in die Arme, dann nimmt man nicht mehr die eigenen Leiden, sondern das Leiden Gottes in der Welt ernst, dann wacht man mit Christus in Gethsemane, und ich denke, das ist Glaube, das ist ›Metanoia‹; und so wird man ein Mensch, ein Christ (vgl. Jerem. 45!).«[3]

Ein religiöser Mensch kann Mitglied einer organisierten Gemeinschaft sein, und meist ist er es auch, wobei es in Europa immer mehr religionslose Religiöse gibt. Aber auch ein Christ oder Buddhist, Moslem oder wer sonst immer ist in seinem wirklichen Bezug zum Absoluten weder Christ noch Buddhist noch irgendetwas. Er ist auch kein guter Mensch, jeder Stolz ist ihm fremd, sollte ihm fremd sein. Er oder sie wird hoffentlich aus dem Bezug zum Absoluten heraus gut handeln, aber daraus folgt keine Identität eines guten Menschen, der sich über andere, die Religionslosen oder die aus anderen Religionen, erheben könnte.

Damit ergibt sich eine Brücke zur Frage nach dem Glück. Der Angelpunkt der Glücksfalle entspricht der Frage nach der religiösen Identität. Wer nach Glück strebt, strebt danach, etwas für sich zu erreichen, etwas zu bekommen, zu erfahren, etwas Besonderes zu sein. Mit diesem Ansatz lässt sich viel gewinnen, man kann sich innerlich bereichern, aber das eigentliche Glück ist niemals in dieser Form zugänglich. Auch die Spiritualität ist Teil der modernen Glückssuche. Aber auch sie ist es schnell in der verdrehten Form, dass sich der Glückssuchende an seiner spirituellen Erfahrung bereichert. Tut er das, ist diese Erfahrung bereits tot, bevor sie wirksam werden kann.

In der Form der Bereicherung und des Klammerns gibt es kein endgültiges Glück. Es entzieht sich umso mehr, je mehr man es festhalten will. Glück gibt es nicht im Modus des Besitzens, des Habens. Das wahre Glück entspringt aus einer inneren Umkehr, in der auf jedes Festhalten des Glücks verzichtet wird. Ohne dieses Paradox gibt es kein Glück. Damit trifft sich Religion im Kern mit der wahren Suche nach dem Glück. Spirituelle Traditionen bereichern den Glückssucher, aber gleichzeitig können sie auch vom Eigentlichen wegführen, wenn sie äußerlich bleiben. Und wenn religiöse oder spirituelle Traditionen benutzt werden, dann bleiben sie äußerlich. Nur das Herz von Religion und von spirituellen Traditionen erfüllt das Ziel dieser Suche, und zwar gerade darin, dass die Suche aufhört, unwichtig wird, dass das eigene Glück unwichtig wird, und dass der oder die Suchende ganz im Absoluten aufgeht.

Über das Glück

Glück – ein zu großes Wort

Anthony de Mello überliefert die folgende Geschichte:

> *»Eine chinesische Geschichte erzählt von einem alten Bauern, der ein altes Pferd für die Feldarbeit hatte. Eines Tages entfloh das Pferd in die Berge, und als alle Nachbarn des Bauern sein Pech bedauerten, antwortete der Bauer: ›Pech? Glück? Wer weiß?‹*
> *Eine Woche später kehrte das Pferd mit einer Herde Wildpferde aus den Bergen zurück, und diesmal gratulierten die Nachbarn dem Bauern wegen seines Glücks. Seine Antwort hieß: ›Glück? Pech? Wer weiß?‹ Als der Sohn des Bauern versuchte, eines der Wildpferde zu zähmen, fiel er vom Rücken des Pferdes und brach sich ein Bein. Jeder hielt das für ein großes Pech. Nicht jedoch der Bauer, der nur sagte: ›Pech? Glück? Wer weiß?‹*
> *Ein paar Wochen später marschierte die Armee ins Dorf und zog jeden tauglichen jungen Mann ein, den*

sie finden konnte. Als sie den Bauernsohn mit seinem gebrochenen Bein sahen, ließen sie ihn zurück. War das nun Glück? Pech? Wer weiß?«[4]

Was also ist Glück? Wieder Anthony de Mello:

»Jemand fragte den Meister: ›Glauben Sie an Glück?‹ ›Durchaus‹, erwiderte er mit einem Aufblitzen in seinen Augen. ›Wie sonst ließe sich der Erfolg von Leuten erklären, die man nicht mag.‹«[5]

Glück heißt zunächst einfach, Glück zu haben. Glück geschieht, wenn es geschieht. Der eine hat Glück, der andere Pech. Manchmal hat man Glück, manchmal Pech.

Dann aber wird aus Glück ein anderes und sehr großes Wort. »Jeder ist seines Glückes Schmied.« – Das ist eine alte Weisheit. Weisheit? Ideologie? Wer weiß? – Plötzlich wird aus dem Glück eine Verheißung, aber auch eine Verpflichtung. Wer nicht glücklich ist, hat sein Leben verfehlt. Die sanfte Form dieser Verpflichtung oder Verantwortung für das eigene Glück wird von den Glücksratgebern repräsentiert. Die harte Form wird vom amerikanischen Mythos repräsentiert, dass jeder es zum Millionär schaffen kann, wenn er nur will und hart genug arbeitet. In der Unabhängigkeitserklärung der Vereinigten Staaten von Amerika wird das »Recht auf Streben nach Glück« als eines der drei Grundrechte neben dem Recht auf Leben und auf Freiheit genannt.

Wenn das Recht auf Streben nach Glück so wichtig ist, in einer Trias mit Leben und Freiheit, dann muss der Mythos vom möglichen Aufstieg zum Millionär oder zum bekannten Schauspieler, zum Model, It-Girl oder sonstigem Star aufrechterhalten werden. Die Kollision dieses Mythos mit der Wirklichkeit zeigt den Zynismus, der dahinter steht. Tatsächlich gibt es gerade in den USA für immer weniger Menschen diesen Aufstieg. Dafür führt dieser Aufstieg die immer Wenigeren in immer größere Höhen. Und die Unglücklichen, die es nicht schaffen, die Vielen, sie werden durch die nie erfüllte Hoffnung ruhiggestellt. Sie spielen das Spiel der so ungerecht verteilten Chancen auch noch mit, indem sie diejenigen verehren und als Politiker wählen, die ihren Traum vom Aufstieg erfolgreich leben.

Der Traum der Glücksratgeber fällt harmloser aus. Sie verkaufen viele Ingredienzien zum Glück. Was mich hier besonders interessiert, ist die Rolle der Religion. Da sind die Ratgeber ambivalent. Die Religionen spielen meist keine bedeutende Rolle. Religiös zu sein, ist im Wesentlichen peinlich, ausgenommen ein aufgeklärter Buddhismus, wozu weiter unten noch einige Bemerkungen folgen.

Auf der deutschen Seite von Wikipedia[6] heißt es zum Zusammenhang von Glück und Religion: »Glück darf nicht mit Glückseligkeit verwechselt werden, die meist in Zusammenhang mit einem Zustand der (religiösen) Erlösung erklärt und verstanden wird.« Der neugierige Leser schaut also nach, was unter »Glückseligkeit« in der Wikipedia zu entdecken ist. Er findet neben der Erklärung »eine Form des Empfindens von Glück« (also doch wieder Glück) jeweils einen Hinweis auf einen Roman, einen Film und einen Namen einer Partei, außerdem einen Link zu »Seligkeit«. Unter »Seligkeit« stößt er auf einige Zeilen über die christliche Vorstellung von Erlösung. Zurück beim »Glück« auf Wikipedia wird er mit vielen Zeilen zur Glücksforschung konfrontiert. In diesen vielen Zeilen wird dann allerdings auch ein religiöser Weiser zitiert, der Dalai Lama, wie folgt:

> *»Die systematische Schulung des Geistes – die Entfaltung von Glück, die echte innere Wandlung durch die absichtliche Auswahl von positiven Geisteszuständen und die Ausrichtung darauf einerseits sowie das Herausfordern der negativen mentalen Zustände andererseits – ist aufgrund der Struktur und der Funktion des Gehirns möglich.«*[7]

Dieses Zitat ist bezeichnend, weil es den religiösen Bezug, den man vielleicht bei dem bekanntesten Buddhisten der Zeit erwarten würde, völlig außen vor lässt. Dasselbe kann auch ein atheistischer Glücksforscher sagen. Natürlich ist das nicht der ganze Dalai Lama, der tatsächlich ein durch und durch religiöser Mensch ist, sondern nur ein ausgewähltes Zitat, und noch dazu von einem Dalai Lama, der mit seinen im Westen veröffentlichten Büchern für den Westen mundgerecht aufbereitet wurde und dem alle Anstößigkeit des Religiösen möglichst herausoperiert wurde.

Als Meditationslehrer interessiert es mich in besonderer Weise, wenn die Meditation in diesem Zusammenhang stark gemacht wird. Auffällig an dem Zitat des Dalai Lama ist, dass Meditation hier in dem Sinne genannt wird, als würde es darum gehen, auf die Mechanik, die Elektrik und die Chemie des Gehirns Einfluss zu nehmen. In der letzten Konsequenz ist die Fortsetzung dieser Funktion von Meditation das, was die Transhumanisten verheißen: durch Computerimplantate im Gehirn und durch die richtigen chemischen Substanzen, die wir heute Drogen nennen würden, das Gehirn zu optimieren. Möglicherweise helfen auch noch Umbauten im Gehirn, die von Nanobots, also winzigen Robotern vorgenommen werden. Das mühsame Meditieren können wir uns dann sparen.

Eine Zwischenstufe, die heute schon versucht wird, ist die »Unterstützung« von Meditation durch sogenannte bewusstseinserweiternde Substanzen. Auch diese nennt man im normalen Sprachgebrauch Drogen, aber das klingt offensichtlich zu unfreundlich. Vor einigen Jahren habe ich eine Einladung bekommen, meditierende Probanden für eine Studie zu benennen, an der ein einschlägig bekannter Zenlehrer beteiligt war. Es ging darum, ob die Wirkung von Meditation durch solche Substanzen »verbessert« werden kann. Warum ich die E-Mail angewidert gelöscht habe, wird hoffentlich im Folgenden deutlich werden.

Noch einmal zum ursprünglichen Wortsinn von Glück: Die Wikipedia nennt dazu die »Art, wie etwas endet/gut ausgeht«. Aber das ist nicht das Glück, das heute wichtig ist. Dieses hängt vom Handeln und den Einstellungen des Einzelnen ab. Es ist ein erworbenes Glück und ein Glück, das immer wieder von Neuem erworben sein will. Es ist ein bedrohtes Glück. Deshalb braucht der moderne Mensch möglichst viele Versicherungen und möglichst viele Hilfestellungen für sein Glück. Aber mit allen Versicherungen: Wer hat schon seine Gesundheit endgültig in der Hand, und vor allem, wer könnte seinem Tod entrinnen? Und mit aller Unterstützung: Das Glück hängt dann von diesen Hilfestellungen ab und lässt sich ja doch nicht festhalten. Nicht ohne Grund ergötzen sich so viele an den Boulevardnachrichten über die missglückenden menschlichen Beziehungen der Reichen und Prominenten.

Dazu kommt, dass dieses Glück recht relativ ist. Behinderte werden zu Recht bemitleidet. Dabei zeigen Untersuchungen, dass sich viele Menschen sehr gut mit Einschränkungen arrangieren können, auch wenn sie diese als furchtbar betrachtet haben, bevor sie selbst davon betroffen waren. Offensichtlich geht es in der Regel wie folgt: Es dauert eine Weile, dann hat man sich daran gewöhnt und der »normale« Pegel zwischen Glück und Unglück stellt sich wieder ein. Dasselbe geschieht oft, wenn Menschen zu großem Wohlstand kommen. Nach einer Weile hat sich wieder derselbe Glückspegel eingestellt. Was soll dann die ganze Suche nach Glück? Und vor allem: Macht sie nicht am Ende selbst unglücklich, weil sie doch spätestens mit dem Tod ihre absolute Grenze hat?

Glück, ein wirklich großes Wort der Religionen

Mit der Grenze und Banalität des Glücks kommt das ins Spiel, was die Wikipedia als »Glückseligkeit« vom »Glück« abgrenzt, also das Glück der Religionen.

In der »Offenbarung des Johannes«, dem letzten Buch der Bibel, steht die folgende Verheißung:

»Dann sah ich einen neuen Himmel und eine neue Erde; denn der erste Himmel und die erste Erde sind vergangen, auch das Meer ist nicht mehr. Und die heilige Stadt, das neue Jerusalem, sah ich von Gott her aus dem Himmel herabsteigen, bereit wie eine Braut, die sich für ihren Mann geschmückt hat. Und ich hörte eine gewaltige Stimme vom Thron her rufen: Seht, das Zelt Gottes unter den Menschen! Er wird in ihrer Mitte wohnen und sie werden seine Völker sein und er selbst, Gott mit ihnen, wird ihr Gott sein. Er wird jede Träne von ihren Augen abwischen und es wird keinen Tod mehr geben; auch keine Trauer, keine Klage, keine Mühsal wird es mehr geben; denn das Frühere ist vergangen. Und er, der auf dem Thron saß, sprach: Seht, ich mache alles neu. Und er sagte: Schreib, denn diese Worte sind zuverlässig und wahr. Er sagte zu mir: Es

ist geschehen. Ich bin das Alpha und das Omega, der Anfang und das Ende. Ich werde dem Dürstenden umsonst vom Quell des Lebenswassers geben. (…)
Auch braucht die Stadt weder Sonne noch Mond, damit sie ihr leuchten; denn die Herrlichkeit Gottes hat sie erleuchtet und ihre Leuchte ist das Lamm. In ihrem Licht werden die Völker einhergehen und die Könige der Erde werden ihre Herrlichkeit in sie hineintragen. Ihre Tore werden tagsüber nicht geschlossen; Nacht wird es ja dort nicht mehr geben.« (Offb 21,1–6.23–25).

Im Lotus-Sutra des Mahayana-Buddhismus wird der (mythische) Bodhisattva Maitreya mit folgenden Worten zitiert:

»Warum erleuchtet unser Meister (Buddha)
Aus dem weißen Haarkreis zwischen den Augenbrauen
Alles mit großem Lichtstrahl?
Der Regen von Mandārava-
Und Mañjuṣaka-Blumen,
Die Brise mit Duft von Sandelholz
Vermag das Herz von allen zu erfreuen.
Auf Grund dessen
Ist die Erde ganz strahlend und rein.
Und diese Welten
werden sechsfach erschüttert.
Nun ist die vierfache Gemeinde
Ganz voll Freude,

Im Körper und Geist sind die Menschen beglückt,
Etwas zu erlangen, was noch nicht dagewesen.«[8]

Glück und Erfüllung jenseits aller Grenzen der menschlichen Vorstellungskraft – davon sprechen die Religionen in ihrem Grund. Dieses Glück und diese Erfüllung durchdringen das ganze Universum, jeden Menschen, jedes Lebewesen. Dieses Glück überstrahlt alles Unglück, allen Schmerz, alles Leiden. Mose, Buddha, Jesus, Mohammed und viele andere Sucher, sie haben diese Wirklichkeit geschaut. Das heißt nicht, dass sie nicht auch Trauer und Schmerz gekannt haben. Franz von Assisi, ein wirklich großer Heiliger, war zum Ende seines Lebens von einer heftigen Depression geplagt. Dennoch blieb er mit dem unendlichen Glück verbunden, das jenseits vom momentanen Gemütszustand ist. Und jeder ernsthafte religiöse Weg ist ein Weg zu diesem unendlichen Glück.

Das Glück der Religionen ist ein unendliches Glück und ein »transzendentes« Glück. Mit »transzendent« ist gemeint, dass es über das »Normale« hinausreicht, oder genauer, dass es jenseits des »Normalen« liegt. Die Sprache benutzt hier Bilder, die immer unzureichend sind. Man kann auch sagen, dass dieses unendliche Glück quer steht zum normalen Glück, wie in einer anderen »Dimension«. Es ist keine Fortsetzung und Übersteigerung des »normalen« Glücks, sondern etwas ganz anderes, und dennoch ist das normale Glück mit dem transzendenten Glück zuinnerst verbunden.

Die Suche nach dem gewöhnlichen Glück ist wichtig. Sie ist aber mit zwei grundlegenden Problemen verbunden. Das erste ist, dass sich dieses Glück entzieht, wenn man es mit allzu großer Verbissenheit sucht. Das zweite Problem ist, dass es immer endlich ist. Endlich ist es zum einen, weil die Glücksmöglichkeiten in dieser Welt begrenzt sind. Zum anderen steht am Ende eines glücklichen Lebens der Tod. Der Philosoph Nietzsche schreibt in seinem poetischen Werk »Also sprach Zarathustra«:

> *»Oh Mensch! Gib Acht!*
> *Was spricht die tiefe Mitternacht?*
> *›Ich schlief, ich schlief –,*
> *Aus tiefem Traum bin ich erwacht: –*
> *Die Welt ist tief,*
> *Und tiefer als der Tag gedacht.*
> *Tief ist ihr Weh –,*
> *Lust – tiefer noch als Herzeleid:*
> *Weh spricht: Vergeh!*
> *Doch alle Lust will Ewigkeit –,*
> *– will tiefe, tiefe Ewigkeit!‹«[9]*

Das ist das Verdikt jeden Glücks. Glück sucht nach grenzenloser Ausdehnung, nach Ewigkeit, nach Unendlichkeit, und kann das doch nie erreichen. Das transzendente Glück ist nicht die Fortsetzung und immer weitere Ausdehnung dieses gewöhnlichen Glücks, sondern es ist ein ganz anderes Glück. Wir nennen es »Glück«, weil sich in diesem ganz anderen Glück zeigt, dass das gewöhnliche »Glück« nur ein Vorgeschmack auf das transzendente Glück ist.

Doch Vorsicht: Auch im Bereich der Religionen und der Spiritualität ist das transzendente Glück keineswegs selbstverständlich und wird oft mit dem gewöhnlichen Glück vermischt. Dann wird Religion ein schales Gebräu. Verschiedene Interpretationen der folgenden buddhistischen Geschichte können das verdeutlichen:

»Kisagotami war eine junge Frau, die glücklich verheiratet war und ein Kind hatte. Doch das Kind starb, als es zwei Jahre alt war. Die junge Mutter war sehr unglücklich. Sie hielt das tote Kind fest und weigerte sich, es loszulassen. Sie ging von Haus zu Haus und bat um Medizin, um das Kind wieder zum Leben zu erwecken. Ein buddhistischer Mönch sagte ihr: ›Gute Frau, ich habe keine Medizin. Aber geh zu Buddha. Er wird dir sicher helfen können.‹

Sie eilte zu Buddha und bat ihn: ›Verehrter Herr, bitte gib meinem Kind Medizin!‹ Buddha antwortete: ›Ich werde dir Medizin geben. Bring mir dafür Senfsamen aus einem Haus, wo bisher noch kein Kind, kein Mann, keine Frau, niemand gestorben ist!‹ Sie antwortete: ›Ich werde es in Kürze bringen.‹

Und so eilte sie von Haus zu Haus und fragte nach Senfsamen. Überall wollten ihr die Hausbewohner diese geben, aber sie fragte weiter: ›Ist in eurem Haus schon jemand gestorben, ein Kind, ein Mann oder eine Frau?‹ Und immer wieder gab es dieselbe Antwort: ›Gute Frau, was ist das für eine seltsame Frage? Schon viele sind leider in diesem Haus gestorben.‹

Schließlich begriff Kisagotami. Sie begrub ihr Kind und begann ernsthaft über die Frage nach Leben und Tod nachzudenken. Sie ging wieder zu Buddha und verbeugte sich tief. Buddha fragte: ›Gute Frau, hast du die Senfsamen gefunden?‹ Sie antwortete: ›Ich habe nicht ein einziges Haus gefunden, in dem noch niemand gestorben ist.‹

Buddha belehrte sie daraufhin, dass alles in der Welt endlich und vergänglich ist.«

Damit endet die Geschichte in manchen modernen, säkularen buddhistischen Texten. Als Fazit bleibt, dass es angesichts des Todes hilfreich ist, zu erkennen, dass alles vergänglich ist, und das einfach zu akzeptieren. Wer das Unvermeidliche akzeptiert, kann sich darauf ausrichten, das Gute im Leben zu genießen – eine Art von Stoizismus.

Doch die Geschichte geht weiter und das Entscheidende kommt erst.

»Buddha erklärt Kisagotami: ›Wir sollten nicht auf Erfüllung in den Dingen warten, die vergänglich sind. Dein Ziel soll es sein, Nirvana zu erlangen, nur dann hat das Leid ein Ende und Erfüllung wartet auf dich. Im Nirvana warten Unsterblichkeit und ewiger

Friede.‹ Daraufhin schloss sich Kisagotami den Non-
nenorden des Buddha an.«

Nur die Ausrichtung auf das »Nirvana«, auf das ganz Andere, auf das Transzendente kann Befreiung schenken.
Der Tod wird nicht einfach willig akzeptiert, weil er un-
ausweichlich ist, vielmehr wird der Tod zur großen Herausforderung. Wer sich damit auseinandersetzt, ohne eine
einfache Lösung zu suchen, sei es ein stoisches Akzeptieren, sei es eine rauschhafte Flucht, sei es Resignation, wer
sich dem Tod ohne solche einfache Lösungen stellt, der
kann eine neue Heimat im Transzendenten finden.

Doch nun wieder zum »normalen Glück«.

Das normale Glück

Selbstverständlich ist auch das normale Streben nach
Glück ganz und gar berechtigt und sinnvoll, auch vom beschriebenen religiösen Standpunkt her. Dieser Standpunkt
kann die normale Glückssuche sogar erleichtern. Wer die
Verbindung zum unendlichen Glück hat, das jenseits der
Gemütszustände ist, wer wenigstens eine kleine Ahnung
davon hat, der kann es entspannter angehen, nach dem
(normalen) Glück zu suchen. Ohne den Krampf, unbedingt glücklich werden zu müssen, lässt sich das Glück
leichter finden.

Eine Studie, die das Glücksempfinden in vielen Ländern verglich, durchgeführt durch Prof. Robert Worcester von der London School of Economics and Political Science, kam vor etwa zwanzig Jahren zum Ergebnis, dass die Menschen in Bangladesch die glücklichsten sind. Vermutlich ist niemand deshalb nach Bangladesch ausgewandert. Sehr wahrscheinlich würde auch niemand dadurch glücklicher werden. Trotzdem: Wenn Bangladesch das Land der Glücklichen ist, wollen wir dann überhaupt glücklich sein? Immerhin hat eine Studie von 2017 Norwegen als das Land mit den glücklichsten Menschen ausgemacht. Das klingt schon besser als Bangladesch, doch selbst nach Norwegen wird kaum jemand umziehen, um glücklicher zu werden.

Einfacher und naheliegender und tatsächlich sinnvoller ist der folgende Ansatz vieler seriöser Glücksstudien, zum Beispiel einer sehr aufwändigen und seriösen Langzeitstudie der Harvard-University, die seit 1937 läuft: Es gibt zwar viele kleine Faktoren, die zum Glück beitragen, nicht zuletzt Gesundheit, aber es gibt eines, das weit wichtiger ist als alles andere: gute, einfühlsame und verlässliche menschliche Beziehungen.

Mit guten Beziehungen sind nicht viele Beziehungen gemeint, und nicht jede feste Bindung ist in diesem Sinn verlässlich. Es geht auch keineswegs um immerwährende Harmonie, sondern eben um gute, einfühlsame und verlässliche menschliche Bindungen. So einfach ist das.

Das moderne Leben fördert das nicht unbedingt. Berufliche Mobilität und Flexibilität der Arbeitszeiten sind erwünscht oder gefordert. Die Single-Kultur verklärt Unabhängigkeit und Freiheit. Einsamkeit wird immer mehr zu einem gesellschaftlichen Problem. In Großbritannien wurde ein Ministerium für Einsamkeit eingerichtet, womit hoffentlich eher ein Ministerium gegen Einsamkeit gemeint ist. Auch in anderen Ländern wird dasselbe gefordert.

Der Umzug nach Bangladesch bleibt also definitiv aus, der nach Norwegen wahrscheinlich auch, aber in diesem Bereich der Beziehungen gibt es immerhin ernsthafte Bemühungen. Es ist auch keine wirklich neue Erkenntnis, um die es da geht. Es ist fast zu banal. Und es gibt tatsächlich Menschen, die auf Karrieresprünge verzichten, um nicht getrennt von ihrer Familie leben oder ihrer Familie einen Umzug zumuten zu müssen. Das gehört sich zwar nicht, und ökonomisch ist es höchst unerwünscht, aber zum Glück gibt es diese Verweigerer. In Gesprächen mit Menschen, die vor solchen Entscheidungen stehen, erlebe ich, dass es viel Mut braucht, sich gegen die Karriere zu entscheiden.

Es gibt auch Menschen, die lieber einen erholsamen Urlaub mit Freunden und Familie verbringen als den gesellschaftlich präsentablen Urlaub mit zwölfstündiger Flugreise und großartigen Urlaubsbildern. Auch dazu braucht es Mut. Seltsam!

Ein zweites wichtiges Element für das »normale Glück« ist, dass das Leben sinnvoll ist. Dazu gehören neben den erfüllenden und verlässlichen Beziehungen sinnvolle Aufgaben, möglichst auch ein sinnvoller Beruf, aber auch die rechte Deutung des eigenen Lebensweges. Nicht jeder Mensch kann sich einen »sinnvollen« Beruf aussuchen. In der Bedeutung, die dieser Begriff im modernen Mitteleuropa hat, ist das sogar ein Privileg einer kleinen Minderheit der Menschheit. Und in der Vergangenheit waren es noch weniger, die es konnten.

Die rechte Deutung des eigenen Lebensweges ist weit weniger an die Privilegien der Reichen gebunden, wobei im Weltmaßstab viele in Deutschland reich sind, die sich gar nicht so fühlen. Jeder Mensch deutet sein Leben und den Weg seines Lebens. Wir deuten unser Leben vielfach mit Bildern, und diese Bilder bestimmen, wie wir unser Leben sehen. Das ist besonders wichtig, wenn wir auf die Härten des Lebens blicken. Eine sehr bekannte religiöse Geschichte illustriert dieses:

»In einem Traum ging ich am Meeresstrand entlang und Jesus Christus begleitete mich. Im Mondlicht sah ich meinen Lebensweg und war glücklich, dass überall zwei Fußspuren nebeneinander zu sehen waren, meine eigenen und die von Jesus. Doch dann erschrak ich. Ich hatte mich getäuscht! Gerade dort, wo die schwersten Zeiten meines Lebens gewesen waren, war nur eine Spur zu sehen. Ich wandte mich an Jesus: ›Du hast mir doch versprochen, immer bei mir zu sein. Wie konntest du mich gerade in den schwersten Stunden meines Lebens alleine lassen?‹ Er antwortete: ›Ich habe

dich nicht alleine gelassen und ich werde dich niemals alleine lassen. Da, wo nur eine Spur zu sehen ist, in deinen schwersten Stunden, habe ich dich getragen.‹«

Die rechte Deutung des Lebens ist, wie das Beispiel zeigt, besonders wichtig in Bezug auf die Härten des Lebens. Dabei geht es nicht darum, sich das Leben schönzureden, weder schön noch schlecht. Tatsächlich ist es aber manchmal oder oft möglich, in den harten Zeiten des Lebens die Chancen auf Veränderung zu finden. Und für die guten Zeiten des Lebens bedeutet es einen großen Unterschied, ob sie als Geschenke erlebt werden oder ob sie gleich mit der Angst verbunden sind, dass das Gute bald wieder vorbei ist.

Damit ist der ernsthafte Glücksratgeber beendet – fast. Die folgenden Weisheiten kann man heute nicht mehr aussprechen, ohne sich gegen den Zeitgeist zu versündigen, umso wichtiger sind sie: »Geteiltes Glück ist doppeltes Glück«, »Geben ist seliger als nehmen«. Diese Sätze bilden schon eine Brücke zum religiösen Glück.

Wer sonst noch mehr Glück auf der Ebene des »normalen« Glücks sucht, außerhalb des »absoluten Glücks«, findet sich schnell in den Dystopien des modernen Glücks wieder, die im Folgenden beschrieben werden.

Das moderne Glück, das erarbeitete Glück

Der erste Teil des Aufstiegs zum modernen Glück ist die Selbstoptimierung, wie das heute heißt. Neben den Klassikern wie etwa der Karriere im Berufsleben rücken heute die Sorge um Ernährung und der Sport immer mehr in den Mittelpunkt.

Bewegung und Sport können Spaß machen – sie sollen auch Spaß machen. Und wenn das in der Natur möglich ist, etwa wenn wir wandern oder laufen, ist das zweifelsohne großartig und wertvoll und trägt außerdem noch zur Gesundheit von Leib und Seele bei. Die Natur verfügt über wunderbare Heilkräfte.

Aber so einfach ist das moderne Glück nicht. In einer Ratgeberkolumne mit Sporttipps bin ich vor kurzem auf einen Artikel gestoßen, wie man sein Joggingtraining optimieren kann. Da hieß es, natürlich sei es möglich und es sei da auch nichts Falsches daran, wenn man einfach so joggt, wie es einem Freude bereitet. Das sei schon akzeptabel, so der Artikel. Aber wenn man wirklich ernsthaft an seinem Training arbeiten wolle, dann möge man den Tipps des Artikels folgen, immerhin verfasst von einem professionellen Trainer. Fazit: Freude an der Bewegung ist okay, aber eigentlich geht es um die Optimierung des eigenen Trainingszustands. Die Freude an der Bewegung ist ja nur subjektiv, die Leistung dagegen ist vorzeigbar.

Seit einigen Jahren gibt es das Konzept des »Quantified Self«. Damit ist gemeint, dass der Zustand des Körpers möglichst viel und möglichst kontinuierlich vermessen wird: Herzschlag, Schlafrhythmen, Schrittzähler, Blutdruck und so weiter – alles, was möglich ist. Viele Handys werden heute schon so ausgeliefert, dass sie, wenn man die Funktion nicht deaktiviert, automatisch die Schritte zählen, die ihr Träger am Tag zurückgelegt hat, und diese Zahl auf dem Bildschirm anzeigen. Somit hat man diese Zahl immer im Blick und zudem einen Grund mehr, sein Handy immer mit sich herumzutragen. Sonst wäre man ja um die Schritte betrogen, die man ohne Handy zurückgelegt hat. Viel umfassender sind die Gesundheitsdaten, die von den Trägern von Smartwatches erfasst werden. Häufig werden sie, wie auch die Daten der meisten Handybesitzer, gleich in irgendwelche Clouds hochgeladen, wo sie wertvolle Informationen für die beteiligten Firmen liefern. Viele Träger dieser Smartwatches aktivieren die Funktion (sofern sie nicht schon automatisch aktiviert ist), sodass zum Beispiel Daten zum Laufpensum und zur Geschwindigkeit beim Laufen auch für andere sichtbar sind und mit den Daten der anderen Käufer derselben Überwachungsmaschine verglichen werden. Somit hat man eine sofortige Kontrolle, wie man im Wettbewerb mit den anderen dasteht.

Das Konzept des »Quantified Self« wurde damit begründet, dass wir Menschen viel zu unvollkommen sind, wenn es darum geht, sich selbst wahrzunehmen. Unser subjektives Empfinden unserer Gesundheit und dessen, was uns guttut, funktioniert weit schlechter als die objektiven Daten und Empfehlungen der entsprechenden Geräte.

Yoga ist ein Geschenk Indiens an den Westen. Im Kern ist es ein religiöser Weg, aus dem allerdings im Westen von Anfang an eher die Aspekte des körperlichen Trainings herausgenommen wurden. In dieser Form hat es immerhin vielen Menschen zu besserer Gesundheit und zu einem besseren Körpergefühl verholfen. Inzwischen ist Yoga zum Lifestyle geworden. Es dient dazu, den perfekten Body zu erschaffen. Auf den Internetseiten und in den Prospekten der Yogaschulen sieht man häufig nur perfekte Körper mit glücklichen Gesichtern.

Die meisten Menschen haben allerdings unvollkommene Körper. Gerade damit sind sie vollkommen, so wie sie sind. Körperliche Selbstoptimierung ist ein selbstauferlegter Zwang zur Anpassung an auferlegte Ideale – nicht an die Ideale, die der eigene Körper selbst kennt und die man nur selbst entdecken kann.

Und noch etwas zur Selbstoptimierung: Es gab einmal ein Ideal der Bildung – nicht Bildung als perfekte Vorbereitung auf Leistungsfähigkeit im Beruf, sondern Bildung als ein Teil des Menschseins und der Verantwortung für Demokratie und die Zukunft der Menschheit. In den Feuilletons der Zeitungen wurden Listen der fünfzig oder hundert wichtigsten Romane der Weltliteratur aus allen Epochen veröffentlicht, als Einladung, diese zu lesen, wenigstens ein paar dieser Bücher. Dieses Lesen war ziemlich nutzlos und gerade dadurch wertvoll. Das ist auch heute noch möglich, nicht nur durch Lesen von Büchern, sondern außerdem durch Anteilnahme am menschlichen Schicksal und der Vielfalt der Kulturen. An der Vielfalt der Kulturen kann man in der heutigen Welt durch das Geschenk der Migration sehr effektiv im eigenen Land teilnehmen, wenn man es will und sucht, effektiver als auf großartigen Reisen. Messbar ist all das nicht, deshalb auch keine Selbstoptimierung, im Gegensatz zur Leistung beim Marathonlauf.

Das gekaufte Glück

Anders, aber eng verbunden mit dem erarbeiteten Glück, ist das gekaufte, das konsumierte Glück der Wellnesskultur.

Inmitten der immer stressigeren Welt des Berufslebens und des immer komplizierteren Beziehungslebens kauft sich der moderne Mensch Inseln der Erholung und des Glücks in Wellnesshotels und vielen kleinen Wellnessangeboten. Seit zwanzig Jahren wächst die Branche kontinuierlich und verfügt über ein immer vielfältigeres Angebot. Bäder, Thermen, Saunen, Massagen und verschiedene Erlebnisbereiche sind in Hotels unverzichtbar. Meist liegen Wellnesshotels auch in einer besonders attraktiven Berg- oder Seenlandschaft. In diesem Zusammenhang zeigt sich ein Charakteristikum dieser Wellnesskultur: die Suche nach dem geschützten Bereich.

Einige der besten Wellnessoasen liegen zum Beispiel am Rand des Nationalparks Bayerischer Wald, mit unberührter und großartiger Natur vor der Haustüre. Dort gibt es das größte zusammenhängende Waldgebiet Mitteleuropas. Man könnte meinen, dass es gerade diese Wälder sind, die zur Erholung einladen. Doch viele Gäste, so berichten Hoteliers, verlassen die Wellnesshotels während ihres mehrtägigen Aufenthalts gar nicht. Die wenigen Tage des Ausspannens, die man sich gönnt, werden besser in den verschiedenen Saunen und Themenbereichen der Hotels verbracht, als dass man sich der Natur aussetzt, noch dazu, wenn das Wetter manchmal schlecht und jedenfalls nie ganz sicher ist. Den Wald sieht man höchstens – wenn man ihn überhaupt sieht – auf geführten Touren.

Die Abschottung von der Welt, der Rückzug in den geschützten Bereich, ist in der globalisierten Welt für die Wellnesskultur nötiger denn je. Weil die weltweite Verbundenheit wächst, muss das Elend der Welt draußen gehalten werden. Es muss unsichtbar sein, damit das eigene Glück wenigstens auf den Inseln der Erholung genossen werden kann. Zu der Zeit, als die vielen Flüchtlingsboote in Griechenland ankamen, habe ich die Erzählung eines Wellnessurlaubers gehört, der deutlich verletzt war, dass er ein solches Boot und die Insassen am Strand seines Hotels erleben musste.

Das ist das Glück in diesen abgeschlossenen Wellnessoasen, offensichtlich ein sehr verlockendes Glück. Dies ist ein Urbild des modernen Glücks. Es ist weitgehend käuflich und leider nicht gerade billig.

Wenn das gekaufte Glück nicht billig ist, dann ist es ein exklusives Glück für wenige. Nicht nur, weil der Reichtum ungleich verteilt ist, sondern auch, weil ein entsprechender Lebensstil prinzipiell nur wenigen vorbehalten bleibt. Die Ressourcen der Erde sind begrenzt, ein Wellnessglück für alle oder auch nur die Mehrheit der Menschheit ist nicht möglich. Das gekaufte Glück ist inhärent ungerecht.

Die ökologische Begrenzung wird nicht dadurch geheilt, dass die Wohlhabenderen heute bewusst ökologisch konsumieren. Wo man vor zwanzig Jahren noch weit fahren musste, um einen Ökoladen zu erreichen, findet man heute drei Ökosupermärkte im Umkreis von fünf Minuten. Da verbindet sich der Anspruch auf gesunde und verfeinerte Ernährung mit dem guten Gewissen beim Konsum. Der Müll wird selbstverständlich sorgfältig getrennt. Tabuisiert ist aber der Hinweis, dass Nichtkonsum immer noch besser ist als jeder Konsum, auch besser als der ökologisch wertvolle. Und das Auto muss dann doch groß sein, möglichst ein SUV, allein schon, weil man damit besser in die Natur kommt und bei einem Unfall besser geschützt ist. Und die Urlaubsreisen gehen weit in die Ferne. Die Reichen belasten die Umwelt unvergleichlich mehr als die Armen, sowohl weltweit[10] als auch in Deutschland, obwohl die Reichen nach ihrem eigenen Anspruch sehr viel umweltbewusster leben.[11] Wenn das Umweltbewusstsein über die Selbstinszenierung hinausgehen sollte, dann würde es Verzicht bedeuten, nicht sogenanntes umweltbewusstes Konsumieren.

Verzicht aber ist mit dem gekauften Glück nicht verträglich. Daran scheitern notorisch alle Entwürfe, eine neue Wirtschaftsweise zu begründen, die nicht auf Wachstum baut. Insofern ist das moderne, gekaufte Glück ein Glück, das auf Kosten der Armen der Welt und auf Kosten der zukünftigen Generationen geht. Die Abschottung im Wellnesshotel passt daher gut zu diesem Glück.

Das technische Glück

Der nächste Teil der Glücksverheißung liegt in der Zukunft, aber nicht in einer allzu fernen Zukunft, sondern in einer, die vielleicht in fünfzehn oder zwanzig Jahren Wirklichkeit geworden ist. Dieses Glück ist die Folge der immer weiter fortschreitenden Technik. Es wird in Zukunftsutopien mit leichten Abwandlungen wie folgt beschrieben:

Der Mensch in dieser Zukunft beginnt seinen Tag nicht mit grobem Weckerklingeln zu einer festen Zeit. Vielmehr weckt ihn sein digitaler Assistent oder seine digitale Assistentin, also ein Computerprogramm. Mit Sensoren und anhand der anstehenden Termine stellt dieses Programm fest, wann der optimale Zeitpunkt für das Wecken erreicht ist – möglichst nicht in einer Tiefschlafphase. Die Weckmusik wird individuell ausgewählt, durch Algorithmen, die für die optimale

Anpassung an den individuellen Geschmack des Betroffenen und an die Umstände des Tages sorgen.

Während der Morgentoilette bereiten die Geräte schon das Frühstück vor, ebenfalls in optimierter und angepasster Zusammensetzung. Die Algorithmen wissen mindestens so gut wie der Betreffende selbst, welche Temperatur und Stärke der Kaffee haben und ob und wie viel Zucker darin sein soll. Da kann auch schon die optimale Kalorienbilanz des Tages eine Rolle spielen und ihr Verhältnis zum eingeplanten Sportprogramm. Während des Frühstücks werden auf die Wände bereits die wichtigsten Nachrichten des Tages projiziert, ausgewählt nach den persönlichen Interessen und in der Zusammensetzung angepasst an die gewünschte Stimmung. Falls über Nacht wichtige E-Mails angekommen sind oder am Tag Termine anstehen, die eine bestimmte Vorbereitung erfordern – der Mensch der Zukunft verrichtet immer wichtige kreative Bürotätigkeiten –, dann wird der Betreffende schon einmal sanft darauf eingestimmt.

Bevor der glückliche Mensch der Zukunft das Haus verlässt, befragen ihn die Roboter, die die Hausarbeit erledigen, was heute zu tun ist. Selbstverständlich wissen sie es eigentlich selbst, und sie schlagen es auch entsprechend vor, aber die letzte Auswahl hat doch der Mensch. Er soll sich nicht bevormundet fühlen. Auch der Kühlschrank gibt eine Meldung, welche Einkäufe zu erledigen sind, und lässt sie sich bestätigen. Die

*Einkäufe werden dann über das Internet geordert und
während des Tages angeliefert.
So kann der glückliche Mensch der Zukunft entspannt
in den Tag und in seine kreative Arbeit starten. Tagsüber werden ihn sein digitaler Assistent oder seine
Assistentin weiter begleiten, nicht nur bei der Arbeit,
auch in der Erholung, alles wird optimal gewählt, vermutlich auch die tägliche Meditation und die menschlichen Kontakte.*

Von wegen Kontakte: In allen Schilderungen des wunderbaren digitalen Lebens der Zukunft sind es Singles, von
denen die Rede ist. Offensichtlich sind die digitalen Assistenten viel unkomplizierter und damit glücksverheißen-
der als menschliche Partner. Nicht ohne Grund ist auch
eine der wichtigsten erwarteten Anwendungen für Virtual
Reality die Pornografie. Sexroboter werden jetzt schon
verkauft, teilweise auch mit individueller Anpassung an
den Kunden, nicht nur in Bezug auf das Aussehen, sondern auch auf das Verhalten.

Ein kleiner Nachsatz: Die digitalen Assistenten schleichen
sich schon in unser Leben ein. Sie sitzen in Smartphones
und in den »intelligenten« Lautsprechern, die in vielen
Wohnzimmern stehen. Der große Bruder hört dabei mit.

Das unbegrenzte Glück: die Überwindung des Menschen

Der dritte Teil des Aufstiegs zum immer erfüllteren Leben ist nicht unproblematisch. Die Propheten dieses Aufstiegs strengen sich an, um uns zu überzeugen, dass es wirklich eine gute Zukunft sein wird. Einer der wichtigsten dieser Propheten ist Ray Kurzweil, immerhin der Leiter der technischen Entwicklung bei Google.

Mit der weiter fortschreitenden Entwicklung der Technik, so die Botschaft dieser Propheten, werden die Computer irgendwann – und nicht einmal in allzu ferner Zukunft – die Menschen überholen. Im Silicon Valley nennt man das die technologische Singularität. Es ist dann nur logisch und sinnvoll, dass die Menschen die Entwicklung an die Computer übergeben. Da diese höher entwickelt sind, steht es ihnen auch zu, schließlich stehen sie nach dieser »Singularität« an der Spitze der evolutionären Leiter.

Und, so die genannten Propheten, es wird den Menschen auch nichts genommen, ganz im Gegenteil. Schließlich sorgen auch wir Menschen dafür, dass unsere evolutionären Vorfahren, die Tiere und Pflanzen, weiterleben können, aus Respekt für die biologische Verwandtschaft, die wir mit diesen Lebewesen haben. Zumindest im Zoo sollen alle weiterleben.

Selbst wenn die Computer, die die Entwicklung übernommen haben, alle Ressourcen der Erde verbrauchen, haben die Menschen nichts zu befürchten. Sie können weiterhin schöne Landschaften genießen, sogar noch viel perfekter als vorher, weil all das auch als virtuelle Wirklichkeit in die Sinnesorgane oder direkt ins Gehirn projiziert werden kann. Diese virtuelle Wirklichkeit wird viel schöner sein als die jetzige konkrete Wirklichkeit, weil in ihr keine Mängel existieren werden. Es gibt in dieser Welt auch keine Probleme mit Krankheiten. Nanobots, also winzige Roboter, die in den Blutkreislauf eingebracht werden, können alles reparieren. Und mit den richtigen Hormonen und Substanzen, die auf das Gehirn einwirken, kann die optimale Stimmung erzeugt werden. Da ist dann wohl auch keine Meditation mehr notwendig. Auch die wirkt ja, wie der moderne Mensch weiß, über Veränderungen im Gehirn, die technisch optimiert viel besser umgesetzt werden können. Das perfekte Glück für jeden Menschen, und die Arbeit verrichten die Maschinen.

Wenn dann doch die Medizin dieser Zukunft leider nicht ganz vollkommen ist, kann der Geist des Menschen auf einem Computer simuliert werden. Die Ideologie hinter dieser Entwicklung ist, dass Geist und Bewusstsein nur eine Funktion der Aktivitäten der Neuronen im Gehirn sind. Also kann diese Funktion wie ein Computerprogramm auf einem Computer simuliert werden, womit der entsprechende Mensch unsterblich sein kann, denn das Programm kann auf immer neue Computer übertragen werden.

So wird im Aufstieg zum immer größeren Glück diese Horrorvision zur Glücksverheißung umgedeutet. Dahinter steht der Gedanke der Höherentwicklung. Der

Mensch ist nur ein Durchgangsstadium der Evolution, er ist ja tatsächlich auch in vieler Hinsicht unvollkommen. Und was unvollkommen ist, muss überwunden werden. Die Philosophen des Transhumanismus zitieren das Ideal des Übermenschen bei Nietzsche:

»Ich lehre euch den Übermenschen. *Der Mensch ist etwas, das überwunden werden soll. Was habt ihr getan, ihn zu überwinden?*

Alle Wesen bisher schufen etwas über sich hinaus: und ihr wollt die Ebbe dieser großen Flut sein und lieber noch zum Tiere zurückgehn, als den Menschen zu überwinden?

Was ist der Affe für den Menschen? Ein Gelächter oder eine schmerzliche Scham. Und eben das soll der Mensch für den Übermenschen sein: ein Gelächter oder eine schmerzliche Scham.

(…)

Seht, ich lehre euch den Übermenschen!

Der Übermensch ist der Sinn der Erde. Euer Wille sage: der Übermensch sei *der Sinn der Erde!*

Ich beschwöre euch, meine Brüder, bleibt der Erde treu *und glaubt denen nicht, welche euch von überirdischen Hoffnungen reden! Giftmischer sind es, ob sie es wissen oder nicht.«*[12]

Dieser Begriff des Übermenschen und eine perverse Überhöhung der Evolution diente auch den Nazis als Vorlage, um das auszumerzen, was sie als unvollkommen definierten.

Paradoxerweise können ausgerechnet die Religionen, die wegen ihrer »überirdischen Hoffnungen« kritisiert werden, dem eine Wertschätzung der Erde und ihrer Geschöpfe entgegensetzen. Der Erde treu zu bleiben, wie es Nietzsche fordert, heißt nicht den Menschen zu überwinden, sondern sich als Mensch zusammen mit allen Geschöpfen der Erde und des Universums als wertvoll und geliebt zu wissen und zu erleben, jenseits aller Erwägungen über Vollkommenheit und Unvollkommenheit hinaus. Selbstverständlich gehört zum Humanismus auch der Kampf gegen Leiden, aber keineswegs die Verachtung der Unvollkommenheit und der Unvollkommenen.

Ernest Kurtz und Katherine Ketcham schreiben in ihrem wunderbaren Buch »Die Spiritualität der Unvollkommenheit«, das in der Tradition der Spiritualität der Anonymen Alkoholiker steht:

»Eine Spiritualität der Unvollkommenheit begreift als ersten Schritt, dem Selbst ehrlich gegenüberzutreten, sich so zu sehen, wie man ist: eine Mischung, widersprüchlich, unvollständig und unvollkommen. Fehlerhaft zu sein, ist das erste Kennzeichen des menschlichen Wesens. Und paradoxerweise finden wir in diesem unvollkommenen Fundament nicht Verzweiflung, sondern Freude. Denn nur innerhalb der Tatsache unserer

Unvollkommenheit können wir den Frieden und die Gelassenheit erlangen, nach der wir uns sehnen.

Rabbi Elimelech Lizensker sagte: ›Ich bin sicher, dass ich meinen Anteil an der kommenden Welt haben werde. Wenn ich mich vor dem Himmlischen Gericht verantworten soll, werde ich gefragt werden: ›Hast du gelernt, pflichtgemäß zu handeln?‹ Darauf werde ich antworten: ›Nein.‹ Weiter werde ich gefragt: ›Hast du pflichtgemäß gebetet?‹ Wieder wird meine Antwort lauten: ›Nein.‹ Und auch auf die dritte Frage ›Hast du pflichtgemäß Gutes getan?‹ werde ich antworten: ›Nein.‹ Dann wird das Urteil zu meinen Gunsten gesprochen werden, denn ich habe die Wahrheit gesagt!‹ (...)

Die Spiritualität der Unvollkommenheit beginnt mit der Einsicht und der Zurückweisung menschlicher Ansprüche, ›Gott‹ zu sein. Die chassidische Tradition hält viele Geschichten bereit, um die Menschen zu erinnern, daß sie nicht über die letzte Kontrolle verfügen, nicht allmächtig, nicht Gott sind. Von dem alten hebräischen shema (›Höre, Israel, ich bin der Herr, dein Gott‹) bis zu den A. A. [Anonymen Alkoholikern]: ›Zuallererst mußten wir aufhören, Gott zu spielen‹, ist kein so weiter Sprung.«[13]

Die Schriftstellerin Arundhati Roy schildert in ihrem Roman »Das Ministerium des äußersten Glücks« das Leben einer Ausgestoßenen, die auf einem verlassenen Friedhof ein »Himmels-Gästehaus« gründet und mit anderen Ausgestoßenen eine kleine Oase des Friedens inmitten der sozialen und politischen Probleme Indiens begründet. Insbesondere der Hindu-Nationalismus setzt ihnen als Muslime zu. Durch ein Findelkind, das sie gemeinsam aufziehen, werden sie auch noch in den Bürgerkrieg in Kaschmir und in die Unterdrückung der Ureinwohner verwickelt, durch dieses Kind kommt aber auch unendliche und grenzenlose Hoffnung auf eine gute Zukunft für alle in ihr Leben. Das ist wie eine moderne Version der Weihnachtsgeschichte. Nicht: »Die Hoffnung stirbt zuletzt.« Sondern: »Die Hoffnung wird mit diesem Kind neu geboren, ganz neu, ganz frisch.«

Das ist der Wert und die Hoffnung des Menschseins, nicht die Vervollkommnung der intellektuellen Kapazitäten durch immer leistungsfähigere Computer. Eine humane Gesellschaft kann nur von den Ausgestoßenen und Armen ausgehen. Sie, die Verlierer, tragen durch ihre menschlichen Werte die wirkliche Verheißung auf eine gute Zukunft für alle in sich.

Wellness-Spiritualität

Meditation und Wellness

Ein wichtiger Meilenstein zum Glück fehlt in der obigen Darstellung des Aufstiegs: Der wahrhaft glückliche Mensch der heutigen Zeit meditiert. Wie schon dargestellt, wird sogar im Wikipedia-Artikel über Glück die Wirkung der Meditation hervorgehoben. Die systematische Schulung des »Geistes« trägt entscheidend zum Glücksempfinden bei. Mit Geist ist natürlich das Gehirn gemeint, was denn auch sonst in der modernen Welt. Tatsächlich lassen sich die glücksfördernden Wirkungen von Meditation nachweisen, sie haben mit der Anregung bestimmter Gehirnareale und mit der Ausschüttung entsprechender Hormone zu tun.

Ein harmloser Gag ist es, wenn ins Wellnesshotel original Shaolin-Mönche eingeflogen werden, um den Gästen Meditation beizubringen. Das ist nicht erfunden, und offensichtlich verdient nicht nur das Wellnesshotel, sondern auch das Shaolin-Kloster damit gutes Geld. Und die Gäste haben nachher etwas zu erzählen. Viele engagierte Buddhisten in China verachten übrigens das Shaolin-Kloster als dekadent, wohl nicht ohne Grund.

In der modernen Spiritualitätsforschung wird oft behauptet, die westlichen Gesellschaften seien entgegen der allgemeinen Auffassung gar nicht weniger religiös geworden, im Gegenteil: sie seien immer mehr von Religion durchdrungen. Das zeige sich zum Beispiel in der Allgegenwärtigkeit von religiösen Symbolen, insbesondere von Buddha-Statuen und -Köpfen.

Dieses Phänomen ist tatsächlich nicht zu übersehen. So wie früher der Herrgottswinkel mit dem Kreuz die Wohnstube vieler Bauernhäuser geprägt hat, so ziert heute vielfach eine Buddha-Statue das Wohnzimmer. Und nicht nur das Wohnzimmer, sondern auch den Garten, den Frisörsalon und vieles mehr. Sogar christliche Motive sind teilweise wieder in – nicht nur das Kreuz, sondern gerade solche Motive, die den aufgeklärten Christen eher suspekt sind. Mit einem T-Shirt mit Herz-Jesu-Motiv kann man angesagt sein.

Diese angebliche Durchdringung der Alltagskultur mit religiösen Symbolen ist in ihrer Beliebigkeit ganz und gar nicht religiös. In Thailand ist die Ausfuhr von Buddha-Statuen in der Regel untersagt, schon seit langem. Die Thailänder haben die Erfahrung gemacht, dass diese Statuen im Westen meist als Dekoration verwendet werden, dass sie jedenfalls nicht verehrt werden. Zu Recht sind sie davon angewidert. Religion gibt es nicht als Ausschmückung des Lebens, es gibt sie nur als alles Bestimmendes im Leben, wovon noch die Rede sein soll. Der Gartenzwerg-Buddhismus ist eine Pervertierung von Religion.

Eine christliche Entsprechung, oder besser ausgedrückt ein entsprechender Missbrauch des Christentums, ist die Übersteigerung einer christlichen Kultur und Kunst. Selbstverständlich ist es wunderbar, den Gesängen der benediktinischen Mönche zu lauschen, noch besser ist es mitzusingen. Und selbstverständlich sollen diese Gesänge das Herz zu Gott erheben. Sie können aber auch zum Selbstzweck und als musikalische Dekoration missbraucht werden. Dasselbe gilt für viele andere Elemente der »christlichen Kultur«. Auch innerhalb des kirchlichen Lebens gibt es Übersteigerungen der Liturgie, die diese wie einen Selbstzweck behandeln, statt in ihr einen Weg zu Gott zu sehen und sie so zu gestalten.

Weiter verbreitet ist allerdings der oben beschriebene Gartenzwerg-Buddhismus. Darin kann die Unverbindlichkeit leichter gelebt werden. Diese Religiosität vermischt problemlos Elemente aller Religionen, als handelte es sich um Wunschartikel aus dem Supermarkt. Tatsächlich gibt es vieles zu kaufen: Seminare aller Art, Einzelstunden, spirituelle Artikel, die besondere Kräfte verheißen, und so weiter.

Von der unverbindlichen Spiritualität, die zur Ausschmückung des Lebens dient, gibt es einen graduellen Übergang zu ernsthafter Spiritualität, vor allem zu Meditation. Es gibt viele seriöse Angebote und viele aufrichtig Übende der Meditation. Und damit entwickelt sich ein gewisser Markt. Viele Kurse sind nicht billig und sollen es auch gar nicht sein. Ich habe zu meinen eigenen Kursen schon den ernst gemeinten Kommentar gehört: Wenn ich den dreifachen Preis verlangen würde, dann wären meine Kurse überrannt. Der spirituelle Markt funktioniert ähnlich wie der Markt für Weine. Wer sich nicht auskennt, kann sich nur am Preis orientieren. Und das bedeutet: Je teurer, desto besser.

Chögyam Trungpa spricht von »spirituellem Materialismus«. Damit bezeichnet er das Phänomen, dass man sich die Spiritualität zu Nutzen macht. Und er deckt in dem Buch »Spirituellen Materialismus durchschneiden« auf, dass dieses Nutzenprinzip die echte Spiritualität verdirbt, dass es ihr grundlegend widerspricht. Er beschreibt das zweite Zusammentreffen von Marpa, einem Vorläufer des tibetischen Buddhismus, mit seinem Lehrer Naropa im 11. Jahrhundert:

»*Das nächste Zusammentreffen zwischen Marpa und Naropa verlief jedoch ganz anders als vorher. Naropa schien sehr kalt und unpersönlich, fast feindselig, und seine ersten Worte an Marpa lauteten: ›Schön, dich wiederzusehen. Wie viel Gold hast du für meine Belehrung mitgebracht?‹ Marpa hatte sehr viel Gold [in Form von Goldstaub] bei sich, wollte jedoch einiges davon für seine Ausgaben und die Heimreise aufheben; daher öffnete er sein Bündel und gab Naropa nur einen Teil von dem, was er besaß. Naropa warf einen*

Blick auf die Opfergabe und meinte: ›Nein, das reicht nicht. Ich muss für meine Belehrung mehr Gold als dies haben. Gib mir all dein Gold!‹ Marpa gab ihm etwas mehr, doch Naropa forderte weiterhin alles von ihm, und das ging so lange weiter, bis Naropa schließlich lachte und sagte: ›Ja, glaubst du denn, dass du meine Lehren mit diesem Täuschungsversuch kaufen kannst?‹ Da gab Marpa nach und überließ Naropa alles Gold, das er besaß. Zu seinem Entsetzen ergriff Naropa die Säckchen und begann, den Goldstaub in die Luft zu blasen.«[14]

Wenn Spiritualität käuflich ist, und noch mehr, wenn ihre Qualität am Preis gemessen wird, dann ist das alles grundfalsch. Die meisten Meditationstechniken stehen in buddhistischen Traditionen oder stammen daraus. In dieser Tradition ist es verpönt, Geld mit spiritueller Führung zu verdienen. Die Schüler und Schülerinnen eines Meisters oder einer Meisterin sollen diesen oder diese finanziell unterstützen, damit er oder sie vernünftig leben kann, das sollen sie auch wirklich, aber das ist auch alles.

Auch in der christlichen Tradition ist es verpönt, mit Spiritualität Geld zu verdienen. Martin Luthers Protest dagegen war ganz und gar gerechtfertigt. Ignatius von Loyola, der Gründer des Jesuitenordens, wollte, dass seine Ordensmitglieder keine festen Einkünfte haben. Vielmehr sollten sie von den Spenden der Gläubigen leben. Das entspricht dem oben beschriebenen buddhistischen Ideal.

Neben dieser Überlegung zum Markt der Spiritualität ist noch eine zweite angebracht. Die Unterscheidung von »Glück« und religiöser »Glückseligkeit« in der Wikipedia trifft ein richtiges Element. Meditation als religiöse Übung dient der Glückseligkeit, dem ganz anderen Glück, das nicht einfach eine Fortsetzung dessen ist, was sonst als Glück erfahren wird.

Das himmlische Leben ist im christlichen Sinn das ganz andere Leben, Christus ist mit einem »verklärten« Leib auferstanden, nicht mit dem irdischen Leib. Im Buddhismus ist die angestrebte Befreiung oder Erlösung nicht die bessere Wiedergeburt, sondern das Nirvana, das Durchbrechen des Kreislaufs der Wiedergeburten. Dieser Kreislauf der Wiedergeburten kann auch als Bild für die psychischen Zustände gelesen werden, die im menschlichen Leben möglich sind. Die bessere Wiedergeburt kann in den Götterhimmel führen, aber nicht ins Nirvana. Wobei der Begriff der Götter in diesem Zusammenhang natürlich eine andere Bedeutung hat als bei dem Gott des Judentums, Christentums und Islam, denn diese Götter sind sterblich. Der Götterhimmel entspricht dem psychischen Zustand einer umfassenden Wellness, ohne Sorgen. Die Tradition sagt, dass es für den Weg zur Befreiung nicht förderlich ist, im Götterhimmel zu leben. Dort fehlt die Motivation, nach Befreiung zu suchen. Der menschliche Bereich dagegen hat die richtige Mischung von Leiden, Hoffnung und Bewusstheit, er ist am besten geeignet, um nach Befreiung und Erlösung zu suchen.

Ein guter Spiegel der Ideale der modernen Welt sind die Online-Seiten von Magazinen wie *Focus* oder *Stern*. Auch dort wird regelmäßig Meditation empfohlen. Und es werden moderne Menschen porträtiert, die regelmäßig und erfolgreich meditieren. Das typische Vorbild ist eine junge Unternehmerin, die ein Start-up im kreativen Bereich leitet und die durch Meditation ihre Leistungsfähigkeit und ihre Kreativität im Beruf steigert, wobei sie gleichzeitig im Sinn der modernen Work-Life-Balance auch ihr Leben und ihr Wohlbefinden im Griff hält. Das ist Wellness-Spiritualität, ein Aufstieg für einige Erfolgreiche. Yoga-Schulen findet man übrigens auch gehäuft in den Stadtvierteln, wo die Reicheren wohnen.

Aufgeklärte Religion

Neben dem Gartenzwerg-Buddhismus gibt es im Westen den »aufgeklärten« Buddhismus. Auf einem Treffen zum interreligiösen Dialog habe ich einmal das religiöse Leben der Buddhisten in Sri Lanka beschrieben. Da wird zum Beispiel im Tempel des heiligen Zahns in Kandy in Sri Lanka ein Zahn des Buddha verehrt. Jedenfalls behauptet die Überlieferung, dass es sich um einen Zahn des Buddha handelt. Diese Überlieferung ist auf Bildtafeln dargestellt, ganz ähnlich wie zum Beispiel in der christlichen Wallfahrtskirche in Andechs die Geschichte der dort verehrten Hostie. Der Zahn befindet sich in einem Schrein, und dieser Schrein wird – ganz ähnlich wie bei einer Aussetzung des Allerheiligsten in der katholischen Kirche – mehrmals täglich geöffnet. Die buddhistischen Gläubigen gehen auf die Knie und beten vor diesem Zahn.

Es gab nach dieser Schilderung des buddhistischen Lebens eine heftige Entgegnung eines deutschen Buddhisten, das habe alles nichts mit dem wahren Buddhismus zu tun – als könne er den Menschen aus buddhistischen Ländern vorschreiben, was der wahre Buddhismus ist. Das wirklich Religiöse ist offensichtlich anstößig und peinlich, deshalb wird lieber ein aufgeklärter Buddhismus verkündet, dem dieses Peinliche genommen worden ist.

Der aufgeklärte Buddhismus ist – wenigstens meistens – noch mit ernsthafter Meditationsübung verbunden. In dieser Hinsicht ist er häufig besser als ein in falscher Weise aufgeklärtes Christentum, das oft nur im Äußeren verbleibt. Im besseren Fall benützt es Elemente der »christlichen Kultur«, um das Leben zu verfeinern. Im schlechteren Fall macht es die Verteidigung sogenannter christlicher Werte und einer sogenannten christlich-abendländischen Kultur zum Thema – gegen andere Kulturen und Religionen. Wirklich aufgeklärt ist diese Haltung in keiner Weise, weil diese christliche Kultur Europas in einer engen Verbindung mit der jüdischen und der islamischen Kultur entstanden ist. Das Christentum wird damit ideologisch vereinnahmt, und perverserweise wird in der Folge manchmal Intoleranz als Konsequenz christlicher Werte verkündet.

Manager-Spiritualität

Weniger harmlos als der Gartenzwerg-Buddhismus und die Wellness-Spiritualität ist es, wenn Meditation so etwas wie ein Training für das Gehirn wird, das entsprechend den Muskeln fit und in Form gehalten werden soll – das Meditationszentrum als Fortsetzung des Fitnessstudios, für Menschen »mit Anspruch«. Wer es sich leisten kann, investiert Geld in dieses Training. Ich hatte schon mehrere Anfragen, ob ich Meditation auch individuell in Einzelstunden unterrichte. Die Anfragenden waren stets erfolgreiche Jungunternehmer. Tatsächlich etabliert sich zurzeit der Beruf des Meditationscoaches, mit eigenen Ausbildungen und Zertifikaten, und es geht die Rede, dass einige erfolgreiche Manager sich persönliche Meditationscoaches halten.

Die Anfragen nach Einzelstunden habe ich immer mit dem Hinweis abgelehnt, dass man Meditation besser in einer Gruppe kennenlernt. Aber auch dafür gibt es Lösungen für die Reichen: Meditation für Führungskräfte. Früher hat man noch von »Meditation für Manager« gesprochen, das Wort »Manager« hat aber heute einen unschönen Beigeschmack. Also spricht man von »Führungskräften«. Ein Mitarbeiter eines Meditationshauses, in dem solche Kurse stattfinden, hat mir erzählt, was ich schon ähnlich vermutet hatte: Wenn dort Meditation für Führungskräfte angeboten wird, wird dasselbe wie in anderen Meditationskursen gelehrt, die für die Allgemeinheit offeriert werden. Es wird aber niedriger dosiert, kürzere Meditationszeiten und kürzere Vorträge, weil die Manager zu gestresst sind für das volle Programm. Vor allem aber kosten die Kurse ein Vielfaches der gewöhnlichen Meditationskurse. Das genau ist das Wichtige dabei, denn dann bleiben die Führungskräfte unter sich, und das wollen sie. Es gibt dazu eine passende Zen-Geschichte:

»Keichu, der große Zen-Lehrer der Meiji-Zeit, war der Vorstand von Tofuku, einem Tempel in Kyoto. Eines Tages meldete sich der Statthalter von Kyoto zum erstenmal bei ihm an.
Sein Diener überreichte ihm die Karte des Statthalters, auf der stand: Kitagaki, Statthalter von Kyoto. ›Ich habe mit so einem Kerl nichts zu schaffen‹, sagte Keichu zu seinem Diener. ›Sag ihm, er hat hier nichts zu suchen.‹
Der Diener gab die Karte mit Entschuldigung zurück. ›Das war mein Irrtum‹, sagte der Statthalter, und mit einem Bleistift strich er die Worte ›Statthalter von Kyoto‹ aus. ›Frag deinen Lehrer noch einmal.‹
›Oh, ist das Kitagaki?‹ rief der Lehrer, als er die Karte sah. ›Den möchte ich sehen.‹«[15]

Meditation und die damit verbundene Achtsamkeit ist inzwischen auch direkt in den Unternehmen angekommen, die auf mehr Motivation und auf Leistungssteigerung der Mitarbeiter setzen. Google ist ein berühmtes Beispiel, wie

auch Facebook, Apple und SAP. Aber auch viele kleine-
re Unternehmen integrieren Meditations- und Achtsam-
keitsangebote in ihr Firmenleben. Bei der deutschen Soft-
warefirma SAP gibt es einen »Director Global Mindfulness
Practice«. Er leitet das Programm »Search Inside Yourself«
mit mehr als zwanzig internen Achtsamkeitstrainern. Der
Titel wurde vom Meditationsprogramm bei Google übernommen. Bei diesen Programmen wird großer Wert darauf gelegt, dass nichts »esoterisch« – gemeint ist damit
auch religiös – rüberkommt. Studien zeigen, dass sich
die Programme auszahlen, mehr Zufriedenheit der Mitarbeiter, mehr Kreativität, mehr Produktivität. Meditation
steht im Dienst des Kapitalismus.

Viele Menschen meditieren, und ich bin selbst einer
derjenigen, die dazu anleiten, weil ich die Meditation für
sehr wertvoll halte. Viele beginnen mit Meditation, weil
sie verzweifelt sind, was oft ein guter Ansatzpunkt ist.
Für sehr wenige Menschen ist Meditation von Anfang an
und durchgehend einfach und angenehm. Meist handelt
es sich dabei um Menschen, die schon vorher durch viel
Leid gereift sind. Für fast alle anderen ist Meditation mindestens zeitweise eine harte Auseinandersetzung mit sich
selbst. Die lächelnden und zufriedenen Gesichter in den
Reportagen über Meditation sieht man zumindest bei An-
fängern weniger.

Was die Manager respektive Führungskräfte angeht:
Es ist gut, wenn auch sie meditieren. Manche verändern
sich durch die Meditation in großartiger Weise. Wenn sie

ernsthaft meditieren, hinterfragen nicht wenige auch ihre Rolle im Beruf. Manche dieser ernsthaften Meditierer brechen aus ihrer Rolle aus. Nur mit dieser Offenheit, alles zu hinterfragen, kann Meditation ehrlich geübt werden. Der schlechteste denkbare Rahmen für eine solche Offenheit ist Meditation, die im Betrieb stattfindet und vom Betrieb selbst organisiert wird.

Chade-Meng Tan, der Schöpfer des Programms »Search Inside Yourself« bei Google, beschreibt, dass er die Tonglen-Übung aus seinem Programm streichen beziehungsweise einigermaßen grundlegend verändern musste.[16] Es handelt sich dabei um eine klassische Übung des tibetischen Buddhismus, die inzwischen auch in anderen Schulen gelehrt wird. Sie dient zur Entwicklung von Mitgefühl. Tan selbst nennt sie »eine sehr kraftvolle Übung«[17]. Vielleicht war diese Übung zu kraftvoll für Google?

Zu dieser Übung des Tonglen gehört, dass das Dunkle, der Schatten, das Böse, das Leiden in der Welt und im eigenen Inneren einbezogen und verwandelt wird. Das Buch von Tan ist vom Optimismus des Silicon Valley getragen, von einer Begeisterung, dass alle Menschen gut und großartig sind und am Guten für die Welt arbeiten, und dass sie sich bei aller Verschiedenheit immer wieder großartig untereinander verstehen. Diese Einstellung blendet erhebliche Teile der Wirklichkeit aus, und sie funktioniert nur für eine kleine Oberschicht. Ein echter Weg nach innen, ein echter Weg der Meditation muss die ganze Wirklichkeit aufnehmen und nicht zuletzt den eigenen Schatten, das eigene Böse. Es kann eine sehr harte, aber auch sehr heilsame Erkenntnis auf diesem Weg sein, dass unter der Schale des eigenen Gutseins eine bisher unerkannte Veranlagung zum Bösen steckt, von der man selbst durch das Glück einer einigermaßen guten Erziehung und eines einigermaßen heilsamen Umfelds geschützt blieb. Aus dieser Erkenntnis kann der eigene Schatten heilsam werden, das Böse kann geheilt werden.

Das Glück der Religionen

Das absolute, bindungslose Glück, auf das die religiösen Traditionen verweisen, das transzendente Glück, kennt keinen Gegensatz zu Misserfolg, Leiden, Krankheit und Tod. Es umfasst diese Wirklichkeiten, es ist das ganz Andere. Religionen und alle Spiritualität sprechen in ihrem Kern immer von diesem ganz Anderen, von der transzendenten Wirklichkeit, die über alles hinausgeht.

»Gott« gibt es im eigentlichen Sinn nur, wenn alles andere im Vergleich dazu unwichtig und sogar unwirklich ist. Die absolute Wirklichkeit ist nicht eine Wirklichkeit neben der normalen Wirklichkeit, sondern sie ist der Grund aller Wirklichkeit. Der moderne, aufgeklärte Zugang zur Religion oder zu Spiritualität wirbt dafür, dass Religion oder Spiritualität auch noch einen Platz neben den vielen anderen wertvollen Dingen der Welt haben. Ein solcher Platz neben dem anderen ist kein möglicher Platz für Religion. Eine bürgerliche Religion als Dekoration des Lebens ist keine echte Religion. Das, was da auch noch Platz hat, hat nichts mit echter Transzendenz zu tun. Diese gibt es nur als das radikal Andere, dem gegenüber nichts noch eine eigene Bedeutung hat. Das heißt aber nicht, dass alles unwichtig wird. Es heißt nicht, dass religiöse Menschen in eine »himmlische Welt« abheben, die über die irdische Welt erhaben ist. Im Gegenteil: Das »Normale« gewinnt seinen Wert, seine Bedeutung neu, insofern es auf die Transzendenz, auf dieses radikal Andere hingeordnet ist.

Die Radikalität der religiösen Fundamentalisten hat in diesem Punkt ihre Wahrheit. Religion ist notwendig radikal. Aber die Radikalität der Fundamentalisten speist sich nicht aus der Transzendenz, sondern aus dem Widerstand gegen das Weltliche und wird dadurch selbst weltlich. Wenn der religiöse Fundamentalist gegen die Welt kämpft, dann kommt dieser Kampf nicht aus der Verbundenheit mit dem ganz Anderen, aus der echten Transzendenz. Sondern dieser Kampf definiert sich aus dem Aufstand gegen bestimmte weltliche Ideale, denen andere Ideale entgegengesetzt werden, die selbst genauso relativ sind. Das ganz Andere dagegen lässt sich niemals greifen und festhalten. Und es führt keinen Krieg. Dazu werde ich mich weiter unten noch äußern.

Wieder zurück zum Glück. Die Wahrheit ist: Höre auf, nach dem Glück zu suchen! Es ist schon da, unendlich und unbegrenzt. Tritt nur ein in diese Wirklichkeit der Transzendenz. Wonach suchst du dann noch? Aber es ist nicht bequem, in diese Wirklichkeit einzutreten. In einem gewissen Sinn kostet es das Leben.

Vom heiligen Ignatius von Loyola gibt es einen Text über den Sinn des Lebens:

»Der Mensch ist geschaffen, dazu hin, Gott unseren Herrn zu loben, Ihm Ehrfurcht zu erweisen und zu dienen, und damit seine Seele zu retten.

Die anderen Dinge auf der Erde sind auf den Menschen hin geschaffen, und zwar damit sie ihm bei der Verfolgung des Zieles helfen, zu dem hin er geschaffen ist.

Hieraus folgt, dass der Mensch dieselben so weit zu gebrauchen hat, als sie ihm auf sein Ziel hin helfen, und sie so weit lassen muss, als sie ihn daran hindern.

Darum ist es notwendig, uns allen geschaffenen Dingen gegenüber gleichmütig zu verhalten in allem, was der Freiheit unseres freien Willens überlassen und nicht verboten ist.

Auf diese Weise sollen wir von unserer Seite Gesundheit nicht mehr verlangen als Krankheit, Reichtum nicht mehr als Armut, Ehre nicht mehr als Schmach, langes Leben nicht mehr als kurzes, und folgerichtig so in allen übrigen Dingen.

Einzig das sollen wir ersehen und erwählen, was uns mehr zum Ziel hinführt, auf das hin wir geschaffen sind.«[18]

In die Glücksratgeber und in die Wellnesshotels passt diese Botschaft des heiligen Ignatius nicht. Gesundheit nicht der Krankheit vorziehen, Reichtum nicht der Armut vorziehen, Geachtetwerden nicht der Verachtung vorziehen, langes Leben nicht dem kurzen vorziehen?

Ignatius spricht offensichtlich von einem jenseitigen Glück, das größer ist als alles Irdische und daher auch jeden irdischen Verzicht rechtfertigt. Dieses Glück ist für ihn jeden Preis wert. Wahrhaft religiöse Menschen, mit oder ohne offizielle Religion, sind auf das Glück im Jenseits ausgerichtet, das für alles irdische Leiden entschädigt.

Das Schicksal Jesu kann als Beispiel für diese Einstellung gesehen werden. Die Kreuzigung war die grausamste und ehrloseste Todesstrafe beziehungsweise Todesfolter, die in der damaligen Welt bekannt war. Nur wer auf ein Jenseits hofft, kann freiwillig so enden.

Die Reden des Buddha verheißen das Glück im Nirvana. Er ruft zu einem Leben auf, das ganz auf das Nirvana hin ausgerichtet ist. Dieses Nirvana wird beschrieben als die »Auslöschung von Wahrnehmung und Gefühl«[19] – auch nicht gerade das, was man sich heute als Glück erhofft.

Alle Religionen und alle ernsthaften spirituellen Wege kennen Formen der Askese. Das jenseitige Glück, das absolute Glück, ist nicht die Fortsetzung des diesseitigen Glücks. Die meisten großen spirituellen Sucher sind durch großes Leiden gegangen. Nur so haben sie diesen Bezug zum Jenseits gefunden.

Eine Warnung in Bezug auf den Begriff der Askese darf nicht fehlen. Beim Begriff »Jenseits« denkt man an einen Himmel oder ein Nirvana nach dem Tod – eine Entschädigung für das Leiden, das ein religiöser Mensch im Leben auf sich nimmt. Ein Pionier der christlichen Klostergründungen – er lebte im 4. Jahrhundert – war der heilige Pachomios. Er verabscheute die Theologie des Origenes, die damals einen großen Einfluss auf das Leben der Einsiedler und Mönche hatte. Einer der Gründe für diese Abscheu war die Auffassung des Origenes, dass die Askese ein Verzicht im irdischen Leben sei, der nach dem Tod im himmlischen Leben mit Gutem vergolten werde. So jedenfalls wurde diese Theologie verstanden. Auch in den Klöstern des Pachomios herrschte eine strikte Askese, aber der Ordensgründer lehnte es ab, dass jemand damit den Himmel nach dem Tod verdienen könne. Vielmehr sollte die Lebensform im Kloster eine Einheit von irdischem und himmlischem Leben begründen. Die Askese sollte glücklich machen, und zwar in diesem Leben. Transzendenz, Jenseitigkeit ist, richtig verstanden, zwar ganz anders als das Diesseitige, aber nicht im Sinn eines anderen Bereichs neben dem Diesseits, sondern im Sinn einer anderen Weise im Diesseits zu leben und es gleichzeitig zu übersteigen.

Von dem Jenseits jenseits des Jenseits und vom wahren Diesseits

Zwei Geschichten aus dem Chassidischen Judentum zeigen, dass es mit dem Jenseits auch nicht so einfach ist. Beide handeln von jüdischen Meistern:

»Einmal war der Sinn des Baalschem so gesunken, dass ihm schien, er könne keinen Anteil an der kommenden Welt haben. Da sprach er zu sich: ›Wenn ich Gott liebe, was brauche ich da eine kommende Welt?‹«[20]

»Die Frau hielt schweigend das hungernde, verstummte Kind. Da seufzte der Maggid zum ersten Male auf. Ungesäumt kam die Antwort; eine Stimme redete zu ihm: ›Du hast deinen Anteil an der kommenden Welt verloren.‹ ›Wohlan‹, sprach er, ›der Lohn ist abgeschafft, jetzt kann ich wahrhaft zu dienen beginnen.‹«[21]

Der heilige Paulus war ganz auf die jenseitige Erfüllung ausgerichtet. Im Philipperbrief schreibt er (Phil 1,21–24):

»Denn für mich heißt Leben Christus und Sterben Gewinn. Gilt es aber, weiterzuleben im Fleisch, so bedeutet mir das ein fruchtbares Schaffen, und so weiß ich nicht, was ich vorziehen soll. Es zieht mich nach beiden Seiten hin: Ich habe das Verlangen, aufzubrechen und mit Christus zu sein, denn das wäre weitaus das Bessere. Das Verweilen im Fleisch aber ist notwendiger euretwegen.«

Dieser Paulus, der nichts sehnlicher wünscht, als im Jenseits mit Christus vereint zu sein, schreibt über das ihn drängende Problem, dass sein Volk, das Volk der Israeliten, von Christus getrennt ist (Röm 9,1–3):

>*Ich sage in Christus die Wahrheit, ich lüge nicht und mein Gewissen bezeugt es mir im heiligen Geist, dass ich große Trauer habe und unaufhörlichen Schmerz in meinem Herzen. Ja, ich möchte selber verflucht, von Christus getrennt sein um meiner Brüder willen, meiner Verwandten nach dem Fleisch.*«

Was will er nun? Er wünscht sich nichts sehnlicher, als mit Christus vereint zu sein, gleichzeitig ist er bereit, auf die endgültige Erfüllung zu verzichten.

Im Mahayana-Buddhismus (südlicher Buddhismus) gibt es einen vergleichbaren Gedanken, das Ideal des oder der Bodhisattva. Die Bodhisattvas sind den mühsamen Weg der Übung schon so weit gegangen, dass sie ins Nirvana eingehen können. Sie verzichten aber auf diesen letzten Schritt und legen das Gelübde ab, dass sie mithelfen wollen, alle Lebewesen zu retten, und dass sie erst dann in das Nirvana eingehen werden, wenn alle anderen auch gerettet sind.

In einem buddhistischen Sutra wird berichtet, dass ein Bodhisattva ganz bewusst einen Mord begeht, wohl wissend, dass er damit für viele Leben in die Hölle kommen wird. Er begeht diesen Mord, um den Ermordeten davor zu bewahren, selbst hundert geplante Morde zu begehen. Dieser müsste sonst noch viel länger in der Hölle schmoren als er selbst mit dem einen Mord. Die buddhistische Hölle währt zwar wenigstens nicht ewig, dennoch zeigt der Mythos das Paradox des Bodhisattva-Lebens. Immerhin wird anschließend berichtet, dass dieser Bodhisattva dann vor der Konsequenz seines Höllenlebens verschont bleibt, weil er alles in reiner Absicht getan hat.

Sind die modernen Selbstmordattentäter in diesem Sinn Bodhisattvas? Sie geben alles auf, um für den rechten Glauben zu kämpfen. Aber der gerade beschriebene Bodhisattva verzichtet aus Mitgefühl mit dem Ermordeten auf seine eigene gute Wiedergeburt. Der Selbstmordattentäter dagegen bestraft die seiner Meinung nach Ungläubigen, um sich den Himmel und ein gutes Leben im Himmel zu verdienen. Eher ist dieser Bodhisattva mit den Hitler-Attentätern zu vergleichen, von denen mindestens einige sehr von Selbstzweifeln geplagt waren, ob es moralisch richtig ist, was sie planen – und die es dennoch versuchten, um der guten Folgen willen, die sie erwarteten. Und die Legende von diesem Bodhisattva ist nicht zur Nachahmung erzählt, sondern sie will provozieren: Das gute Handeln ist noch viel besser, wenn es von keinem Gedanken an eine Belohnung verschmutzt ist. Ein religiöser Mensch, der Gutes tut, um in den Himmel oder ins Nirvana zu kommen, tut damit nichts Gutes. Nur der Mensch handelt wirklich gut, der einfach gut handelt, ohne einen Nebengedanken an seinen Vorteil.

Im christlichen Sinn ist das gute Handeln eine Folge dessen, dass sich der oder die Gläubige von Gott geliebt weiß. Im buddhistischen Sinn sind Weisheit und Mitgefühl untrennbar verbunden. Diese Verbindung entspringt aus der ursprünglichen Verbundenheit mit allen Geschöpfen.

Das Jenseits, das jenseits des Jenseits liegt, führt zurück in das Diesseits. Ein Jenseits, das dem Diesseits entgegensteht, ist kein wahres Jenseits. Nur ein Jenseits, das das Diesseits einschließt, kann wirklich ein umfassendes Jenseits sein.

Dietrich Bonhoeffer schreibt:

»Ich habe in den letzten Jahren mehr und mehr die tiefe Diesseitigkeit des Christentums kennen und verstehen gelernt. Nicht ein homo religiosus [religiöser Mensch], sondern ein Mensch schlechthin ist der Christ, wie Jesus – im Unterschied wohl zu Johannes dem Täufer – Mensch war. Nicht die platte und banale Diesseitigkeit der Aufgeklärten, sondern die tiefe Diesseitigkeit, die voller Zucht ist, und in der die Erinnerung des Todes und der Auferstehung immer gegenwärtig ist, meine ich. Ich glaube, dass Luther in dieser Diesseitigkeit gelebt hat.«[22]

Bonhoeffer, der fromme Theologe, lobt das Diesseits! Er sitzt, als er diese Zeilen schreibt, seit mehr als fünfzehn Monaten im Nazigefängnis und hat im Diesseits nichts zu erhoffen. Den Brief kann er aus dem Gefängnis schmuggeln. Diesen Brief schreibt er am 21. Juli 1944, gerade als er vom Misslingen des Attentats auf Hitler erfahren hat. Da er mit den Attentätern zusammengearbeitet hatte, muss er sich endgültig auf seine Hinrichtung einstellen. Er kommt noch ins Konzentrationslager, neun Monate später wird er gehenkt. Dieses Diesseits lobt Bonhoeffer – nicht das Diesseits der Glücksratgeber und Wellnesshotels.

Von der Lüge des normalen Glücks und vom rechten Glück

Die Geschichte um Bonhoeffers Diesseitigkeit entlarvt die Lüge und den Egoismus, die hinter jeder einfachen Glücksverheißung stehen und oben schon benannt wurden: Viele Menschen auf dieser Erde kämpfen um ihr Überleben oder einen letzten Rest von Würde. Vom Glück der Ratgeber und der Wellnessoasen sind sie meilenweit entfernt. Und es ist meist nicht ihre Schuld, in Bürgerkriegsgebieten oder sonstigen widrigen Umständen zu leben. Der Gedanke an diese Menschen stört, ebenso wie der Gedanke an die zerstörerischen Nebenwirkungen des Wohlstands. Wer will schon im Wellnessparadies an die Ausgeschlossenen oder an die klimaschädlichen Wirkungen seiner Flugreise oder seines Steaks denken, das selbstverständlich von bester Qualität sein muss?

Angesichts der widrigen Umstände, in denen viele Menschen leben, hat eigentlich niemand einen Anspruch darauf, glücklich zu sein. Aber es ist auch kein Weg und sogar ganz falsch, sich selbst und andere dauernd an das Elend in der Welt und an die Zerstörung der Umwelt zu erinnern. Ein solches geistiges Schwelgen im Elend nützt den Betroffenen nicht und ist auch nicht in ihrem Sinn, noch weniger, wenn man dauernd darüber redet. Die wollen ja glücklich sein oder zumindest erst einmal einigermaßen überleben.

Glück ist ein flüchtiges Geschenk, und du sollst und darfst es voller Dankbarkeit annehmen. Damit möge sich der aufrichtige Wunsch verbinden, dass sich dieses Glück auf alle Menschen und alle Geschöpfe ausdehnen soll, und aus diesem Wunsch möge tatkräftiges Handeln in diesem Sinn erwachsen. Dieses geschenkte Glück, in Dankbarkeit empfangen, und ausgeweitet auf alle, dieses Glück ist der rechte Ausdruck des absoluten Glücks der Religionen.

Glück ist flüchtig, es kommt umso öfter und bleibt umso länger, je weniger du es festhältst – und je mehr du es für andere weggibst.

Das absolute Glück aber ist jenseits der Stimmungsschwankungen. Je größer die Verbundenheit mit dieser Dimension des Glücks ist, umso mehr Freiheit kann daraus entspringen, das »normale« Glück, das kleine Glück, zu leben. Das große grenzenlose ewige Glück, von dem die Religionen sprechen, ist gleichzeitig das kleine Glück im jetzigen Augenblick, jetzt geschenkt, rasch vergänglich, und dennoch in diesem Augenblick ganz und gar erfüllend.

Wie es zur Glücksverheißung kam

Das Mittelalter gilt als eine Zeit, die ganz von jenseitigen Werten geprägt war. Das Irdische hatte die Funktion, ins Jenseits zu führen, ganz so wie es im oben zitieren Text von Ignatius von Loyola (der schon zum Beginn der Neuzeit gehört) anklingt. Im Jenseits wurde die Erfüllung erwartet. Das Leben war für die meisten Menschen so hart, dass großes Glück im Irdischen nicht zu erwarten war.

Diese radikale Abwendung von der Welt befremdet heutige Menschen – zu Recht. Karl Marx hat eine solche Religion als »Opium des Volkes« bezeichnet. Die herrschenden Klassen, denen es immer gut geht, waren froh, wenn die einfachen Menschen in ihrem Elend still verharrten und arbeiteten. Der Trost im Jenseits wurde auch zum Opium, das sie in ihrer Unterdrückung ruhigstellte.

Die bürgerlichen Revolutionen waren deshalb mit einer Abkehr von der Religion verbunden. Und sie fielen in die Zeit, als die technische Entwicklung Geschwindigkeit aufnahm. Verbunden mit dem kapitalistischen Wirtschaftssystem verhieß diese Entwicklung Wohlstand für alle. Fortschritt und Wohlstand und Kapitalismus sind zum neuen göttlichen Prinzip geworden. Doch diese neue Religion ist wieder zum Opium des Volkes geworden. In Deutschland besitzt das oberste Tausendstel der Haushalte 17 Prozent des Vermögens. Die ärmere Hälfte besitzt nur 2,5 Prozent. Also: Im Schnitt besitzt ein Haushalt aus der »unteren Hälfte« der Vermögensverteilung nur ein Eintausendsiebenhundertstel (1/1700) des Vermögens von einem Haushalt von »ganz oben«. Es braucht schon ein starkes Opium, damit diese Ungerechtigkeit einfach so hingenommen wird.

Weniger polemisch: Die Motive der bürgerlichen Emanzipationsbewegung, auch die ihrer Revolutionen, waren gut und wertvoll. Und niemand kann ernsthaft hinter ihre Erfolge zurückgehen wollen. Die Ergebnisse sind dennoch ambivalent. Vom Wohlstand, den dieser »Fortschritt« gebracht hat, sind viele Menschen auf dieser Erde ausgeschlossen.

Die Ambivalenz trifft aber auch diejenigen, die auf der Gewinnerseite stehen. Zunächst dienen technische Produkte zur Erleichterung des Lebens. Findige Menschen erfinden Hilfsmittel, die auf Bedürfnisse antworten. Doch findige Menschen erfinden auch Geräte und Produkte, für die es noch gar keine Bedürfnisse gibt. Dann werden diese Bedürfnisse erzeugt. Der Anteil der Ausgaben für Marketing steigt in vielen Branchen rasant. Dabei geht es nicht nur um direkte Werbung. Viel Geld wird heute oft auch dafür investiert, ein bestimmtes Image für eine Marke aufzubauen.

Damit sind die Errungenschaften der Technik nicht mehr nur und nicht einmal noch in erster Linie Hilfsmittel, um das Leben zu erleichtern. Nicht die Bedürfnisse der Menschen sind der Ausgangspunkt und Mittelpunkt, sondern immer mehr sind es die Produkte selbst, die verkauft werden müssen.

Wie viele Menschen haben vor der flächendeckenden Einführung von Smartphones davon geträumt, dass es ihr Leben erleichtert, wenn sie ständig erreichbar sind? Ist dieses Bedürfnis aber erzeugt, dann wird es ein reales Bedürfnis und erscheint ganz selbstverständlich notwendig. Welches Bedürfnis erfüllt ein SUV, das – wie die meisten, die verkauft werden – gar nicht geländetauglich ist. Und selbst wenn es geländetauglich wäre, wie oft würden denn die Käufer das ausnützen? Zum Glück nur sehr selten, sonst bedeutete das eine Katastrophe für die Landschaft.

Die weltweiten Werbeausgaben werden für das Jahr 2018 mit 590 Milliarden Dollar prognostiziert.[23] In Deutschland arbeiten laut dem Zentralverband der deutschen Werbewirtschaft rund 900 000 Menschen in der Werbewirtschaft. Nur ein kleiner Teil dieser Werbung dient der Information. Der größte Teil dient der Manipulation.

Die dienstbaren Geister der Technik übernehmen durch ihre Einbettung in das kapitalistische System die Herrschaft über das Leben der Menschen. Und die lassen sich gerne versklaven. Dafür sorgt die Manipulationsmaschine der Werbung, der Markenpflege und des Marketings.

In Bonhoeffers Diesseits

Die Diesseitigkeit, von der Bonhoeffer spricht, ist ganz offensichtlich nicht von der Jenseitigkeit seiner christlichen Hoffnung getrennt. Sie ist ein vollkommener Ausdruck der Jenseitigkeit. Die Jenseitigkeit verwirklicht sich, indem wir ganz und gar in der Welt leben. Wir sind umso göttlicher, je menschlicher wir werden, so wie Jesus als Mensch ganz und gar göttlich war. Im Augenblick seines Todes – so berichtet es das Matthäus-Evangelium – riss im Tempel der Vorhang, der das Allerheiligste vom Weltlichen abtrennte. Nur der Hohepriester – und auch der nur einmal im Jahr – durfte das Allerheiligste betreten. Himmel und Erde sind mit dem Zerreißen dieses Vorhangs untrennbar verbunden.

Im Buddhismus unterscheidet man »Nirvana« als die Verwirklichung des Absoluten und »Samsara« als die Verwicklung in die Welt. Im Mahayana-Buddhismus heißt es dazu: »Nirvana ist Samsara und Samsara ist Nirvana.« Der Bodhisattva, der auf das Nirvana verzichtet, um alle Lebewesen zu retten, lebt gerade dadurch im Nirvana und gleichzeitig im Samsara.

Nur in dieser paradoxen Weise lässt sich vom Jenseits sprechen. Das Jenseits ist das ganz Andere und gleichzeitig ganz und gar verbunden mit dem Diesseits. Sonst stünde es dem Diesseits als ein zweites Diesseits gegenüber, es wäre nicht das ganz Andere, sondern das Gegenüber zum Diesseits.

Ignatius von Loyola rät dazu, so zu beten, als ob alles von unserem Handeln abhängig wäre, und so zu handeln, als ob alles von Gott abhängig wäre – eine paradoxe Verschränkung, in der die Trennung von Himmel und Erde aufgehoben ist. Sie ist nicht aufgehoben, sondern in der Dynamik von gläubigem Vertrauen und tätigem Wirken in der Welt fließen sie ständig zusammen und entspringen aus demselben Ursprung.

Für einen echten spirituellen Weg ist diese Verschränkung eine große Herausforderung – und ein großes Geschenk. In der Tradition der Zen-Meditation heißt es, dass der Aufstieg hin zur ersten Erleuchtungserfahrung oder Erfahrung des Erwachens einfach ist im Vergleich zu dieser »Kultivierung« der Erfahrung, wie es manchmal genannt wird. Die Verbindung von Absolutem und Relativem ist nie abgeschlossen, sondern sie wird im Leben immer neu verwirklicht, in neuen Situationen, in neuer Weise. Der oder die Übende erreicht in diesem Sinn nie einen Abschluss der Übung, und er oder sie bleibt immer auf dem Boden. Überheblichkeit hat keinen Platz in einer genuinen Übung.

Der Zenmeister Shunryu Suzuki preist den »Anfängergeist« und empfiehlt, diesen immer beizubehalten. Das klingt vielleicht entmutigend, ist aber keineswegs so gemeint. Der Anfängergeist ist auch der frische Geist, der offene Geist, der Geist, der sich immer wieder überraschen lässt. Der religiöse Weg ist von einer solchen Dynamik geprägt. Die absolute Wirklichkeit oder die absolute Seite der Wirklichkeit ist immer für Überraschungen gut. Das Leben bleibt immer spannend für den spirituellen Sucher.

Religion: rational – irrational

Viel zu spät – wahrscheinlich haben alle, die Religion sowieso für völlig irrational halten, dieses Buch längst weggelegt – soll die Frage betrachtet werden, ob ein religiöser oder spiritueller Glaube rational möglich ist. Andererseits sind diese Betrachtungen vielleicht manchem zu abstrakt. Dann möge der Leser oder die Leserin dieses Kapitel überspringen.

Immer wieder wurde oben betont, dass der Bereich des genuin Religiösen transzendent, dass er jenseits des »Normalen« ist. Damit ist er auch unbegreiflich. Dieses deutsche Wort trifft es gut: Was man »begreift«, hat man auch ergriffen und kann es festhalten. Das, was im Herz von Religion gefunden werden kann, hat aber die Eigenart, dass es sich umso mehr entzieht, je mehr es festgehalten wird – wie das Glück.

Die Irrationalität oder Über-Rationalität von Religion, die damit gegeben ist, lässt sich allerdings selbst wieder rational begreifen. Sie ist nicht einfach eine willkürliche Immunisierung gegen Kritik, sondern sie folgt aus der Logik dieser Wahrheit.

Religiöse Wahrheit, spirituelle Wahrheit und die Wahrheit der Naturwissenschaften

Die größte Anfrage an die Wahrheit der Religionen, abgesehen von den teilweise abstrusen Irrationalitäten der religiösen Fundamentalisten, kommt von der Seite der Naturwissenschaften. Genauer gesagt entspringt diese Anfrage aus einem bestimmten Verständnis der naturwissenschaftlichen Erkenntnisse.

Der Glaube an naturwissenschaftliche Wahrheit, an objektive Wahrheit, konkurriert mit den Ansprüchen der Religionen. Insbesondere in den westlichen Kulturen hat der Glaube an die Naturwissenschaften weitgehend gesiegt, nicht immer offensichtlich, aber oft in verdeckter Form. Das führt manchmal dazu, dass religiöse Wahrheiten nach dem Modell der naturwissenschaftlichen Wahrheit aufgefasst werden. Um zu verstehen, dass dies nicht angemessen ist, muss man zunächst verstehen, was die Eigenart der naturwissenschaftlichen Erkenntnis ist.

Naturwissenschaftliche Wahrheit ist empirisch, das heißt, sie beruht auf Erfahrungen. Aber keineswegs alle Erfahrungen sind eine geeignete Grundlage für naturwissenschaftliche Erkenntnisse. Ein umwerfendes Naturerlebnis oder ein sonstiges Erlebnis von Schönem mag für den Einzelnen wertvoller sein als alle anderen Erfahrungen, es ist aber wertlos für die Naturwissenschaft. Ein Mensch macht jeden Tag viele und vielfältige Erfahrungen, die für die Wissenschaft völlig belanglos sind. In der

Naturwissenschaft zählen nur Messergebnisse beziehungsweise Fakten, also Erfahrungen, die so dokumentiert sind, dass prinzipiell jeder sie in derselben Weise nachvollziehen kann. Außerdem müssen diese Messungen prinzipiell wiederholbar sein. Die Experimentierkunst ist eine Grundlage für die Wissenschaft. Es ist tatsächlich eine richtige Kunst, Experimente so zu planen und durchzuführen, dass sie brauchbare Ergebnisse liefern. Wenn man also von der Empirie als Grundlage für Naturwissenschaften spricht, dann meint man einen sehr speziellen und engen Ausschnitt aus dem Bereich der menschlichen Erfahrung.

Dazu kommt, dass die Erfahrungen nur in einer gewissen Neutralität zählen. Die Qualität der Erfahrung für den Einzelnen spielt keine Rolle, auch nicht ihre subjektive Interpretation, sondern nur das objektiv für alle Zugängliche. In den Sozialwissenschaften und in der empirischen Psychologie ist es ein wichtiger Teil der Experimentierkunst oder der Datenerfassung, alles Subjektive möglichst auszuschließen.

Weiterhin beschäftigt sich die Naturwissenschaft, oder allgemeiner die empirische Wissenschaft, also auch die empirische Psychologie und die Sozialwissenschaft, nicht mit den einzelnen interessanten Fakten, sondern sie sucht nach allgemeinen Gesetzen. Die einzelnen Messungen eines Physikers sind uninteressant, soweit sie nicht als Ergebnisse eines allgemeinen Gesetzes interpretiert werden können, das aus ihnen abgeleitet oder das durch sie bestätigt wird. Auch dieser Aspekt schließt wichtige Bereiche der Erfahrung aus. Im menschlichen Leben sind es oft gerade die einzelnen, herausragenden und unwiederholbaren Erfahrungen, die besonders bedeutsam sind. Häufig sind diese bedeutsamen Erfahrungen auch besonders individuell, nur dem oder der Einzelnen zugänglich.

Dazu kommt noch, dass diese Gesetze in einer formalen Sprache formuliert werden, idealerweise in der Sprache der Mathematik. Durch diese Formalisierung löst sich die Naturwissenschaft aus den Vieldeutigkeiten der Alltagssprache, die immer mit subjektiven Interpretationen verbunden ist, heraus. Daher ist alles, was messbar ist, das Quantitative, wichtiger als die Qualitäten.

Alle diese Kriterien für naturwissenschaftliche Wahrheit folgen dem Ideal der Objektivierung. Es zählt nur, was objektiv ist und was objektiv formulierbar ist. Zur Objektivität gehören die aufgezählten Elemente: Abstraktion vom individuellen Erleben, Vorrang des allgemeinen Gesetzes vor dem Einzelnen, Formalisierung. Daran zeigt sich schon, dass dieser »empirische« Zugang zur Wirklichkeit keineswegs alle Erfahrung wertschätzt, sondern dass er bestimmten Qualitätskriterien folgt, die selbst gar nicht in der Erfahrung begründet sind. Letztlich gründen diese Prinzipien, die in ihrer konkreten Form in der Entwicklung der Naturwissenschaften immer wieder angepasst werden, darauf, was in der Forschung erfolgreich ist, was also am meisten zur Erkenntnis objektiver Naturgesetze beiträgt.

Die Vorsokratiker Leukipp und Demokrit wollten »echte Erkenntnis« gewinnen statt der »unechten Erkenntnis« der Sinne. Dieses Ideal wurde im neuzeitlichen Empirismus so formuliert, dass es darum geht, die primären Qualitäten der Dinge zu erkennen, die hinter den sekundären Qualitäten (damit sind die Sinneswahrnehmungen gemeint) stehen. Primäre Qualitäten sind im modernen Weltbild vor allem die Eigenschaften der Moleküle und Atome oder noch genauer der Elementarteilchen. Die Wellenlänge von Licht ist eine primäre Qualität, die Farbe, die wir sehen, ist die sekundäre Qualität. In dieser Weise blickt die Naturwissenschaft hinter die Erkenntnisse der Sinne. Tatsächlich eröffnet dieser Zugang zur Wirklichkeit einen Raum für ungeheuer viele Erkenntnisse, die noch dazu sehr präzise sind.

Karl Popper preist dieses Erkenntnisideal wie folgt:

>*Es gibt eine Wirklichkeit hinter der Welt, wie sie uns erscheint, möglicherweise eine vielschichtige Wirklichkeit, von der die Erscheinungen die äußersten Schichten sind. Der große Wissenschaftler stellt nun kühne Vermutungen, riskante Schätzungen darüber an, wie diese inneren Realitäten beschaffen sind. (…) Der Mut kann an der Distanz zwischen der Welt der Erscheinungen und der vermuteten Realität, der erklärenden Hypothese, gemessen werden.«*[24]

Der Glaube an die Naturwissenschaften beruht auf dem Vertrauen, dass genau dieser Erkenntnisweg der beste ist. Oder verschärft: dass er der einzige zuverlässige ist.

Nach einem Vortrag eines Biologen an der Hochschule für Philosophie der Jesuiten in München, an der ich lehre, wurde dieser im anschließenden Frageteil bedrängt, er möge doch Stellung beziehen, was er von Religion halte. Seine Antwort war, das habe mit seinem Vortrag nichts zu tun, das könne man aber gerne anschließend beim Zusammensitzen mit einem Glas Bier besprechen. Besprechen kann man es also – aber nicht in der Weise, wie er über Biologie referiert. Das ist konsequent und entspricht einer ganz richtigen Intuition: Es gibt Bereiche des Lebens, über die anders reflektiert und gesprochen werden sollte als in der Naturwissenschaft. Dabei muss man nicht gleich in die Gretchenfrage nach der Religion gehen. Viele Fragen, die für den Alltag entscheidend sind, lassen sich nicht wissenschaftlich beantworten. Ein Studierender der Mathematik hat mir einmal erzählt, Partys, auf denen nur Mathematiker zusammen feiern, seien langweilig, weil keiner etwas sagen will, das er nicht beweisen kann. Die Bemerkung war nicht ganz ernst gemeint, aber sie enthält einen richtigen Hinweis. Zu Ende gedacht: Wer nach einem Beweis sucht, ob er oder sie einem geliebten Menschen vertrauen kann, zerstört jede Grundlage für dieses Vertrauen.

Wissenschaftliche Wahrheit allein macht nicht glücklich, sie ermöglicht nicht einmal das elementare Zusammenleben und das Überleben. Selbst die Wissenschaft ist in ihrer Praxis auf Alltagswissen angewiesen, das sie nicht immer bis zum Ende objektivieren kann. Ohne ein Vertrauen, dass die anderen Wissenschaftler nach der Wahrheit suchen, ohne einen moralischen Anspruch, dass es besser ist, die Wahrheit zu sagen als zu lügen, und dass die anderen das auch so sehen, ist keine Wissenschaft möglich.

Es gibt auch prinzipielle Einschränkungen des Wahrheitsideals der Naturwissenschaften. In Zusammenhang mit Auswirkungen der Technik werden manchmal Beweise für naturwissenschaftliche Aussagen verlangt. Zum Beispiel wird von manchen immer noch ernsthaft verlangt, es müsse bewiesen werden, dass der Klimawandel vom Menschen verursacht wird, damit politische Konsequenzen daraus gezogen werden können. Es gibt aber in der Naturwissenschaft niemals Beweise. Es gibt immer nur plausible Hinweise, es gibt bestätigte Theorien, die alle stets neu in Frage gestellt werden können. Oft genug schon wurden Theorien überholt, die als sicher galten, wie zum Beispiel die Newton'sche Mechanik, die das Ideal des frühen mechanistischen Weltbildes war. Der oben schon zitierte Popper spricht deshalb von einem hypothetischen Realismus der Naturwissenschaften. Das heißt, er geht davon aus, dass die naturwissenschaftliche Erkenntnis nie perfekt mit der Wirklichkeit übereinstimmt, oder dass wir das zumindest niemals sicher wissen können. Popper meint aber, dass wir uns aber darauf verlassen können, dass sich diese Erkenntnis der Wahrheit immer mehr annähert. Darin steckt eine Art von Glauben, ein Vertrauen in die naturwissenschaftliche Methode. Dieses Vertrauen beruht natürlich auf den Erfolgen dieser Methode, die sich im Laufe der Geschichte immer wieder gezeigt haben.

Ein sehr passender Ausdruck für dieses Vertrauen stammt vom Wissenschaftstheoretiker Bas van Fraassen, selbst ein »bekennender« Empirist – und ein religiöser Mensch. Er bezeichnet die Grundlage der Naturwissenschaften als »empirische Einstellung«. Das heißt, alles wird dieser naturwissenschaftlichen Methode der Untersuchung unterworfen, weil sie – wie die Erfahrung gezeigt hat – immer wieder zu neuem, erstaunlichem Zuwachs von Wissen geführt hat. Der Fehler eines übertriebenen Anspruchs der Naturwissenschaften gründet darin, diese praktisch erfolgreiche Einstellung zu einer Philosophie, einer Metaphysik, einer Wahrheitstheorie zu verdrehen. Dann wird aus dem Erfolg der naturwissenschaftlichen Methode die Aussage abgeleitet, dass nur die Naturwissenschaften Wahrheit erkennen können. Das ist, wie van Fraassen aufzeigt, aber keine naturwissenschaftliche Erkenntnis mehr, das ist Metaphysik. In diesem Sinn ist es geradezu selbstwidersprüchlich, nur naturwissenschaftliche Wahrheit anzuerkennen. Diese Verabsolutierung der Naturwissenschaften übersteigt die naturwissenschaftliche Methode und ist damit selbst keine naturwissenschaftliche Erkenntnis, womit sie sich selbst widerlegt.

Eine zweite wichtige Einschränkung des Wahrheitsanspruchs der Naturwissenschaften beruht darauf, dass sie theoretische Wahrheiten formuliert, letztlich aber auf praktische Bestätigung angewiesen ist. Nur Experimente können zu guter Letzt entscheiden, welche Theorie besser ist. Viele Begriffe, die in Theorien vorkommen, entsprechen gar keinen direkt beobachtbaren Dingen oder Eigenschaften. Wer hat je die Frequenz gesehen, die einer bestimmten Farbe des Lichts entspricht? Man kann nur Messergebnisse ablesen, wobei das Vertrauen in die Funktion und Ergebnisse der Messinstrumente selbst schon wieder die Wissenschaft voraussetzt. In einer streng logischen Analyse kann man sagen, dass eine bestimmte Theorie die Messergebnisse am besten erklärt, es könnte aber auch andere Theorien geben, die das ebenso gut und sogar besser können. Das strukturalistische Theorienkonzept, das z. B. der Philosoph Wolfgang Stegmüller vertreten hat, fasst die Geltung von Theorien gerade so auf. In diesem Sinn bleibt die naturwissenschaftliche Wirklichkeit immer verborgen, die Theorien haben nur die Bedeutung, dass sie die Beobachtungsergebnisse möglichst einfach in gut handhabbaren Formeln zusammenfassen. Alles Weitere ist eine Form von Glauben, allerdings eine gut begründete Form von Glauben.

Logisch gilt also nur, dass eine Theorie richtige Vorhersagen machen kann, nicht dass sie mit der Wirklichkeit übereinstimmt. Es gibt Strömungen in der Wissenschaftstheorie, vor allem Spielarten des Konstruktivismus, die deshalb die Wahrheit der Naturwissenschaften nur als pragmatische Wahrheit auffassen. Die »Wahrheit« der Strömungslehre bedeutet in diesem Sinn, dass Flugzeuge nicht abstürzen, sie erfasst aber nicht irgendeine tiefere Wirklichkeit. Diese Auffassung passt gar nicht zum Selbstverständnis der Naturwissenschaft. Der große Teilchenbeschleuniger am CERN bei Genf wurde gebaut, um wirklich einen tieferen Einblick in die innersten Eigenschaften der Materie zu gewinnen. Fast alles, was die Astronomie erforscht, steht nicht oder nicht primär im Dienst der Technik. Man will damit etwas erkennen, und das lässt sich nicht nur auf technische Anwendungen reduzieren.

Es bleibt also ein Widerspruch zwischen dem Anspruch der Naturwissenschaften, allgemeine Wahrheiten zu erkennen, und dem, dass sie immer auf praktische und damit notwendig begrenzte Bestätigung angewiesen sind. Daraus wird ein logischer Widerspruch, wenn man in der Naturwissenschaft sichere Erkenntnis sucht. Das logische Problem verschwindet aber sogleich, wenn der Anspruch der Naturwissenschaften aus der empirischen Einstellung entspringt. Es gibt keine logische Begründung für diese Wahrheiten, und man braucht auch keine logische Begründung. Die empirische Einstellung sucht einfach nur danach, durch die Naturwissenschaft möglichst viel über die Wirklichkeit zu erkennen und zu verstehen, und sie vertraut mit guten Gründen darauf, dass dieser Anspruch eingelöst werden kann. Es braucht keinen Beweis, man kann der Naturwissenschaft vertrauen. In diesem Sinn gibt es einen gut begründeten Glauben an die Naturwissenschaften, der aber keineswegs andere Erkenntnisweisen ausschließt. Und schon gar nicht beschränkt dieser Glaube den Bereich der Erkenntnis auf diejenigen Erfahrungen, die Grundlage von Wissenschaft sein können.

Eine dritte Einschränkung der naturwissenschaftlichen Wahrheit hat direkt mit ihrem objektiven Wahrheitsanspruch zu tun. Die genannten Beispiele für lebensnotwendige Wahrheiten des alltäglichen Lebens, die nicht naturwissenschaftlich untermauert werden können, zeigen den anderen Pol der menschlichen Erkenntnis. Ob ein anderer Mensch vertrauenswürdig ist, das ist eine subjektive Erkenntnis, oder zumindest enthält sie immer subjektive Elemente. Sie ist damit auch weniger sicher. Aber wie schon gesagt: Wer diese unsichere Form der Erkenntnis ausschließt, wer ihr jede Bedeutung abspricht, dessen Leben wird sicher nicht gelingen. Er kann auch keine Wissenschaft betreiben, weil auch dafür das Vertrauen in andere Wissenschaftler und ihre ehrliche Einstellung grundlegend ist. Das ist ein Paradox des Strebens nach sicherer Erkenntnis: Die Unsicherheit der subjektiven Erkenntnis ist sicher notwendig, um die Not des Lebens zu wenden und um überhaupt Erkenntnis zu gewinnen.

Ein gutes Beispiel außerhalb des religiösen Bereichs ist die Erkenntnis, dass etwas »schön« ist. Ein Mensch wird ergriffen von der Schönheit und der Erhabenheit eines Kunstwerks, einer Musik, einer Landschaft, der Berge, Flüsse, Seen, Bäume, der Weite und so weiter. Dieses Erlebnis lässt sich naturwissenschaftlich analysieren. Dazu gehört die Frage, wie das betrachtete Bild auf der Netzhaut entsteht, wie bestimmte Wellenlängen des Lichts dort bestimmte Photorezeptoren aktivieren, wie das alles im Gehirn verarbeitet wird, welche Gehirnareale aktiviert werden, wenn ein Mensch das Bild als schön erkennt. Aber der Eindruck des Schönen ist in dieser Analyse nirgendwo zu finden. Naturwissenschaftlich lassen sich – das kann man jedenfalls vermuten – Korrelationen feststellen zwischen der Erregung bestimmter Areale im Gehirn und dem, dass der betreffende Mensch angibt, etwas Schönes zu sehen, zu hören, zu empfinden. Diese Korrelationen enthalten aber nicht das Erlebnis der Schönheit.

Nun kann ein dogmatischer Naturwissenschaftler sagen, das mit der Schönheit sei ja nur subjektiv, es sei nur Illusion. Doch dann dogmatisiert man die empirische Einstellung, indem man behauptet, nur die Naturwissenschaften könnten Wahrheit erkennen. Was spricht dagegen, dem unmittelbaren Eindruck zu glauben, dem Eindruck, dass diese Landschaft wirklich schön ist? – Auch wenn das subjektiv ist, auch wenn das andere vielleicht anders empfinden? Das Leben wird auf jeden Fall reicher, wenn die Wirklichkeit nicht auf das begrenzt bleibt, was rein naturwissenschaftlich erkannt werden kann.

Religiöse Wahrheiten sind in vielfältiger Weise anders als naturwissenschaftliche Wahrheiten. Die empirische Einstellung, recht verstanden, schätzt die naturwissenschaftlichen Erkenntnisse hoch, ohne aber zu behaupten, dass es nichts anderes gibt. Religiöse Wahrheiten sind nicht neutral wie naturwissenschaftliche Erkenntnisse, ganz im Gegenteil, sie wollen und sollen gar nicht neutral sein. Der Philosoph und Mathematiker Blaise Pascal schrieb in seinem berühmten Memorial, das er in seinen Mantel einnähen ließ und das erst nach seinem Tod gefunden wurde: »Feuer. ›Gott Abrahams, Gott Isaaks, Gott Jakobs‹, nicht der Philosophen und Gelehrten. Gewissheit, Gewissheit, Empfinden: Freude, Friede.« Religiöse Erfahrungen sind mit einem hohen Gehalt an Bedeutung verbunden, meist auch aufgeladen mit Gefühlen. Religiöse Erkenntnis ist Feuer, sie ruft zur Entscheidung, sie zerbricht die Grenzen eines geregelten Lebens und Denkens.

Weiterhin bezieht sich religiöse Erfahrung nicht auf allgemeine Gesetze, sondern sie lebt von der Wertschätzung des Einzelnen. Die Begegnung mit dem Absoluten ist immer eine einzelne Erfahrung. Religion lebt auch aus der Wertschätzung und Verehrung der religiösen Gründergestalten, der heiligen Menschen und heiligen Orte mit all ihrer Zufälligkeit. Sie lebt aus der Verehrung der überlieferten Schriften, wie zufällig sie auch immer in bestimmten Kulturen entstanden sein mögen.

Die religiösen Wahrheiten werden auch nicht sachlich neutral als Informationen weitergegeben, sondern sie werden überliefert, im Idealfall von begeisterten Menschen an andere, die von dieser Begeisterung angesteckt werden. In der Zen-Tradition wird Bodhidharma, dem legendären Begründer der chinesischen Linie, folgendes Zitat zugesprochen: »Eine besondere Überlieferung außerhalb der Schriften, unabhängig von Wort und Schriftzeichen: Unmittelbar des Menschen Herz zeigen, – die (eigene) Natur schauen und Buddha werden.«[25] Entgegen weitverbreiteter Vorurteile spielen auch im Zen-Buddhismus die Schriften und die Worte eine große Rolle, aber das Zitat verweist darauf, dass die eigentliche Überlieferung oder

»Übertragung«, wie es in diesem Zusammenhang auch genannt wird, in der unmittelbaren Begegnung von Menschen ihren Platz hat.

Religiöse Wahrheiten werden nicht in formalen Sprachen dargestellt, wenngleich diese Versuchung immer da ist und zum Beispiel in der theologischen Dogmatik manchmal zur Erstarrung führt. Die Hauptformen der Weitergabe von religiösen Wahrheiten sind die Teilnahme an Ritualen, das Erzählen von Geschichten und Gedichten, das Singen von Liedern, und so weiter. Das, was religiös erkannt wird, steht dem Erkennenden nicht einfach von außen gegenüber, als ein Objekt getrennt von ihm, sondern es spricht ihn entweder personal an, steht ihm als Du gegenüber, oder es zeigt sich dem Erkennenden selbst als sein Innerstes.

In der naturwissenschaftlichen Forschung zählt zwar das Engagement der Forscher, aber die Erkenntnisse selbst sollten möglichst leidenschaftslos betrachtet und beurteilt werden. Sie stehen dem Menschen neutral gegenüber. Über die Wahrheit einer Theorie der Elementarteilchen entscheidet nicht, welche Theorie mehr Freude bereitet. Für die Praxis der Forschung spielt das dennoch eine große Rolle. Aber die religiöse Erkenntnis ist ganz anders. Sie beruht auf einer Entscheidung des Menschen, der von ihr ergriffen wird, sich ganz ergreifen zu lassen. Es ist eine engagierte Wahrheit, eine Wahrheit, die erst in der Praxis wahr wird, nicht in der reinen Theorie.

Ich habe die religiöse Wahrheit als einen Gegensatz zur naturwissenschaftlichen Wahrheit dargestellt. Gegensatz heißt nicht Widerspruch. Religiöse Erkenntnis, spirituelle Erfahrung erschließt die Welt in einer anderen Perspektive – so wie ein Gegenstand aus verschiedenen Blickwinkeln unterschiedlich aussehen kann. Das ist so wie das oben beschriebene Erlebnis, etwas Schönes zu sehen, naturwissenschaftlich beschrieben werden kann, wobei das Erlebnis selbst verloren geht, oder es kann unmittelbar erfasst werden, man kann sich ergreifen lassen von der Schönheit und die »objektive« Wirklichkeit darin vergessen.

Diese Betrachtung der religiösen Wahrheit, der spirituellen Wahrheit als eine Perspektive im Blick auf die Welt, schließt an die Herausforderung der Naturwissenschaften an und versucht gerade dadurch den Blick dafür zu schärfen, was religiöse Wahrheit im Kern ist, nicht in einer schlaffen Nachahmung der naturwissenschaftlichen Erkenntnis, sondern im Wissen um die eigene Qualität, im Vertrauen auf die eigene Qualität.

Ein gutes Beispiel zur Verdeutlichung der Tragweite dieser Auffassung ist die erste Schöpfungsgeschichte der Bibel im Buch Genesis (Gen 1,1–2,4a). Diese Geschichte der Schöpfung in sieben beziehungsweise sechs Tagen verbindet Juden und Christen, und sie wird auch im Koran mehrfach zitiert. Es gibt von frommen Christen Versuche, diese Geschichte als eine Vorwegnahme der modernen Erkenntnisse der Kosmologie und der Evolutionslehre zu verstehen, weil die dort geschilderte Reihenfolge im Großen tatsächlich erstaunlich gut mit den naturwissenschaftlichen Erkenntnissen übereinstimmt. Aber das geht ganz an dem vorbei, was diese Geschichte sagen will. Unmittelbar in Anschluss an diese erste Schöpfungsgeschichte steht eine zweite (Gen 2,4b und die folgenden Verse), die, was die äußeren Fakten betrifft, der ersten widerspricht. Diejenigen, die die beiden überlieferten Geschichten so zusammengestellt haben, waren nicht so dumm, dass sie das nicht gesehen hätten. Aber: Es geht in dieser Schöpfungsgeschichte eben nicht um die geschilderten Fakten, es geht um viel mehr, um eine viel dramatischere und weitreichendere Aussage. Immer wieder heißt es in dieser Geschichte: »Und Gott sah, dass es gut war.« Und nach der Erschaffung des Menschen heißt es gar: »Und Gott sah alles, was er gemacht hatte, und siehe, es war sehr gut.«

Kein Messverfahren, keine naturwissenschaftliche Methode kann dies jemals bestätigen – und auch nicht widerlegen. Es gibt philosophische Schulen, die behaupten, dass eine solche Aussage gar keine Bedeutung hat – wenn man sie nicht objektiv bestätigen oder widerlegen kann. Aber das Gegenteil ist richtig, diese Aussage ist höchst bedeutungsvoll. Sie ist zunächst in keiner Weise trivial. Dem Augenschein nach widerspricht vieles dieser Aussage. Viele Menschen leben mit einer ganz anderen Grundaussage, nämlich mit einem grundlegenden Misstrauen sich selbst und der Welt gegenüber, vielleicht auch nur sich selbst oder nur der Welt gegenüber. Aber es gilt: »Es war sehr gut – es ist sehr gut.« Die biblische Schöpfungsgeschichte ist nach Meinung der Bibelwissenschaft nicht in der Glanzzeit des alten Israel entstanden, sondern ganz im

Gegenteil in einer Zeit der Unterdrückung, im babylonischen Exil. Umso härter ist ihre Aussage.

Es gibt einen Zen-Koan, der eine entsprechende Aussage hat:

»Unmon sagte in einer Unterweisung: ›Ich frage euch nicht nach der Zeit vor dem fünfzehnten Tag; bringt mir einen Satz über die Zeit nach dem fünfzehnten Tag.‹ Unmon selbst antwortete an Stelle der Mönche: ›Jeder Tag ist ein guter Tag.‹«[26]

Auch dieser Koan bekommt seine Wucht nicht im Wellnesshotel, sondern in den Wirren und Kämpfen des Lebens.

Wer von Schöpfung redet, meint nicht eine Beschreibung, wie die Welt entstanden ist. Er meint diese Aussage: Es ist gut, dass die Welt existiert, und es ist sehr gut, dass Menschen existieren. Jeder Tag ist gut, jedes Menschen Existenz ist gut. In säkularisierter Form ist das ein Grundbaustein der westlichen humanen Kultur, soweit sie noch human ist. Daraus wird ersichtlich, dass diese Aussage nicht einfach die Beschreibung eines Sachverhalts ist. Vielmehr ist diese Erkenntnis untrennbar verbunden mit einer Lebenspraxis und mit Weisungen für das eigene Verhalten und für die Gesellschaft.

Ist die Aussage der Schöpfung damit nicht doch wieder trivialisiert worden? Die Naturwissenschaften beschreiben die harten Fakten, die Religion ist für den kulturellen Überbau zuständig? Dazu ist zu sagen, dass eine solche Aussage, die Welt ist gut, eine überaus gehaltvolle Aussage ist. Es ist eine künstliche Beschränkung, Aussagen darüber, ob etwas gut ist, einfach die Bedeutung abzusprechen. Solche Aussagen spielen eine entscheidende Rolle in unserem Leben und in unserer Auffassung von der Welt. Warum sollen sie nicht wahr sein? Zugegeben, sie sind nicht beweisbar, aber daraus folgt nicht, dass sie nicht wahr sein können. Ein Argument von oben wiederholt, in abgewandelter Form: Wenn wir nicht unterscheiden können, dass es gut ist, die Wahrheit zu sagen, wenn diese Wertung sinnlos ist, dann untergraben wir jede Möglichkeit eines Gesprächs, auch des Gesprächs über die harten naturwissenschaftlichen Fakten.

Der Schöpfungsbegriff beinhaltet noch eine Verschärfung. Die Naturwissenschaften forschen über die letzten Gründe, warum die Welt entstanden ist. Das führt auf ein grundsätzliches Problem, weil jede Ursache selbst wieder verursacht sein muss. Eine letzte Ursache, die selbst keine Begründung mehr hat, ist für das Programm der naturwissenschaftlichen Forschung ein willkürlicher Abbruch des Fragens. In modernen kosmologischen Betrachtungen wird die Entstehung der Welt entweder auf eine endlose Kette von Universen zurückgeführt, aus denen jeweils weitere Universen entstehen können, oder auf abstrakte Symmetrieprinzipien, also auf mathematische Strukturen.

Wer von Schöpfung redet, ersetzt damit nicht diese physikalischen Betrachtungen. Vielmehr handelt es sich wieder um eine Betrachtung aus einer anderen Perspektive. Wenn Sie dieses Buch lesen, kann man diesen gesamten Vorgang physikalisch-chemisch-biologisch analysieren, Sie selbst werden es aber anders erleben. Sie lesen dieses Buch, wahrscheinlich weil sie es wollen, und das ist eine Perspektive, die nur Ihnen selbst zugänglich ist. Sie verbinden damit eine Absicht und haben während des Lesens bestimmte Empfindungen. Alles das ist Ihnen als Person zugänglich. Von Schöpfung zu sprechen heißt, dass wir die Existenz der Welt auch aus einer anderen Perspektive als der physikalischen betrachten können: Die Welt existiert, weil sie gut ist, weil sie von Gott gewollt und geliebt ist – so wie Sie das Buch lesen, weil Sie damit eine bestimmte Absicht verbinden. Wenn Sie dieser Erklärung Ihres Lesens eine Wirklichkeit zusprechen, dann können Sie auch zugestehen, dass es eine entsprechende wirkliche Erklärung der Existenz des Kosmos als Ganzem gibt. Die Welt existiert, weil sie gut ist oder weil es besser ist, dass etwas existiert, als dass nichts existiert, einer philosophischen Formulierung entsprechend. Die Schilderungen, wie Gott die Welt in sieben Tagen zusammenbastelt, sind eine mythische Umschreibung dieser Aussage.

Gott ist kein Objekt

Zwei Aspekte der Eigenart von religiöser Erfahrung und religiöser Wahrheit sollen noch einmal ausdrücklich aufgenommen werden. Der erste ist, dass die Wirklichkeit des

Absoluten einerseits das ganz Andere ist, aber gerade nicht als ein Gegenüber zum Menschen, sondern sie ist das Innerste des Menschen selbst. Darin gründen die Probleme, in rechter Weise darüber zu sprechen. Wenn über »Gott« gesprochen wird, dann spricht man über ein Etwas, das in der Welt der Dinge existiert, so sind Sprache und Denken konstituiert. Doch damit verfehlt man die Wirklichkeit, über die man sprechen will, ganz grundlegend.

Als ein in diesem Zusammenhang unverdächtiger Philosoph sei hier Immanuel Kant genannt. Er analysiert in seiner »Kritik der reinen Vernunft« unter anderem das Problem, dass ein wahrnehmendes Subjekt niemals sich selbst objektiv wahrnehmen kann. Ein Mensch, der sich wahrnimmt und über sich nachdenkt, denkt über sich als »empirisches Subjekt« nach, er macht sich selbst zum Objekt, aber damit bleibt immer eine grundlegende Distanz zum »transzendentalen Subjekt«, also dem Subjekt, das selbst wahrnimmt. Dieses »transzendentale Subjekt« ist kein Etwas in der Welt der Dinge, sondern es ist eher eine Art Struktur der Wahrnehmung. Deshalb geht jedes Reden über das »Ich« oder das »Subjekt«, als ob es Dinge wären, an der Sache vorbei.

Oben war schon genannt worden, dass die strikte Entgegensetzung von Subjekt und Objekt zwar in der naturwissenschaftlichen Forschung funktioniert (wobei die Quantentheorie prinzipielle Grenzen dieser Entgegensetzung aufzeigt), dass sie aber im Bereich der alltäglichen Wahrheiten gar nicht wünschenswert ist. Wir sind auf

»subjektive« Urteile und Erkenntnisse angewiesen, und diese sind auch nicht automatisch schlecht, nur weil sie subjektiv sind. Im Bereich der religiösen Erfahrungen und Wahrheiten funktioniert die Trennung von »subjektiv« und »objektiv« gar nicht mehr. In der östlichen Mystik ist das deutlicher formuliert worden als in der christlichen Mystik. Aber auch im christlichen Bereich gibt es viele Beispiele von Mystikern, die das ausdrücklich erfasst haben. Teresa von Ávila beispielsweise spricht davon, dass in der mystischen Verschmelzung mit Gott eine Einheit gefunden wird, die ursprünglicher ist als die Trennung, als das Gegenüber zu Gott.

Gotteserkenntnis ist in diesem Sinn immer auch eine Erkenntnis des eigenen Selbst. In einigen buddhistischen Schulen spricht man von »(Selbst-)Wesenschau« oder der Verwirklichung des »wahren Selbst«. Aber alle diese Formulierungen sind wieder missverständlich, und anhand dieser Missverständnisse kann man den wesentlichen Punkt dieses Arguments weiter klären. Das »wahre Selbst« im Buddhismus wird auch mit folgender Formel bezeichnet: »das wahre Selbst, das ein Nicht-Selbst ist«. Wenn von Selbst-Erkenntnis gesprochen wird, dann wird das meistens so verstanden, dass ein Mensch seinen eigenen Charakter, seine Eigenschaften, das, was er ist, und warum er oder sie so geworden ist, besser versteht. In den westlichen Ländern steht das oft auch im Zusammenhang damit, zu entdecken, was man selbst eigentlich wirklich will, wie man sich selbst verwirklichen kann, wie man das werden kann, was man jenseits der gesellschaftlichen Zwänge und der familiären Prägungen »eigentlich« sein will.

Dieses »eigentliche Selbst« ist aber wieder, in der abstrakten Sprache von Kant, ein objektives Selbst, eines, das in der Welt neben anderen Objekten, anderen Personen, die auch als Objekte gesehen werden, existiert, und nach dessen objektiven Eigenschaften gefragt wird. In der mystischen Einheit, von der christliche Mystiker sprechen, ist Gott aber gleichzeitig das ganz Andere. In dieser Einheit wird das Ego, das eigene Selbst, verbrannt, und nur noch Gott beziehungsweise Christus existiert. »Nicht mehr ich lebe, sondern Christus lebt in mir«, so Paulus (Gal 2,20a). Und das »wahre Selbst« des Buddhismus, »das ein Nicht-Selbst ist«, verwirklicht sich nicht in einer bestimmten Form. Es hat im Unterschied zum empirischen, objektiven Selbst, nach dem eine Selbstverwirklichungs-Psychologie sucht, keine bestimmten Eigenschaften, sondern es ist eine unendliche Offenheit für alle möglichen Verwirklichungen, konkret offen für alle Rollen, die ein Mensch in der Welt annehmen kann: »Wenn ihr hiervon die echte Gestalt erfasst, werdet ihr verstehen, dass das Herauskommen aus einer Schale und das Hineingehen in eine andere dem Einkehren eines Reisenden in eine Herberge gleicht.«[27] Die menschliche Identität ist fließend, sie findet sich immer wieder neu in verschiedenen Gestalten und Rollen, und sie gründet dabei in einer ganz anderen Wirklichkeit. Nochmal: Das wahre Selbst ist ein Nicht-Selbst.

Im Gebet und in der Meditation verwirklicht sich das »wahre Selbst« in ganz unterschiedlichen Weisen. Es gibt die Form der Hingabe an ein göttliches Selbst, die im Christentum eine zentrale Rolle spielt, aber auch in Spielarten des Buddhismus. Es gibt als Gegenpol dazu die Entdeckung des Göttlichen, des Absoluten in sich selbst. Obwohl diese beiden Pole äußerlich widersprüchlich sind, sind sie nur unterschiedliche Verwirklichungen desselben. Es gibt auch das Verweilen einfach in der eigenen Existenz. Die mittelalterliche christliche Philosophie hat von Gott als dem »Sein« gesprochen. Damit ist gemeint, dass dieses Sein die grundlegendste Eigenschaft von allem ist. Das ist die Eigenschaft, dass es existiert, vor allen konkreten Eigenschaften, die die Dinge unterscheiden. Und Gott wird in diesem Urgrund von allem berührt, als Sein ist er der Urgrund von allem, was existiert. Meditation kann einfach darin bestehen, sich mit dem Sein, dem eigenen Sein und dem Sein von allem zu verbinden, ein einfaches Hineinsinken in diesen Urgrund. Dieser Urgrund ist nichts Abgehobenes und Fremdes, sondern man ist damit immer verbunden, inniger verbunden als mit sonst etwas. Daher besteht die Übung der Meditation wesentlich im Weglassen. Wer meditiert, der oder die produziert keine besonderen Bewusstseinszustände. Vielmehr lässt er oder sie möglichst alles weg, damit das reine Dasein in den Vordergrund des Bewusstseins rückt. Das klingt langweilig, ist aber mit einer durchdringenden Energie und Dynamik verbunden: Das Sein ist nicht neutral.

Die Welt der Dinge

Damit ist ein zweiter Aspekt berührt, der mit dem vorherigen Punkt schon angesprochen wurde, aber noch deutlicher benannt werden muss.

Unsere Sprache spricht über Gegenstände. Es wurde bereits die mittelalterliche Spekulation über das »Sein« erwähnt, das Sein als grundlegendste Eigenschaft von allem. In der modernen Logik ist das Sein, die Existenz, keine Eigenschaft von Dingen. Die Existenz von Dingen wird vorausgesetzt, sie steht nicht neben anderen Eigenschaften, sondern sie ist etwas völlig Neutrales. Formal drückt sich das darin aus, dass Existenz mit dem »Existenzquantor« beschrieben wird, nicht mit Prädikaten. Der Satz »Peter existiert« hat gemäß der modernen Logik eine grundlegend andere Form als der Satz »Peter ist schlau«.

Die logischen Probleme gehen noch weiter. Um Antinomien, also Sätze, die Widersprüche enthalten, auszuschließen, müssen gemäß der modernen Mengenlehre alle Eigenschaften so gefasst sein, dass man sie in eine Zusammenfassung von Objekten in einer Klasse übersetzen kann. Die Eigenschaft »grün« lässt sich logisch so analysieren, dass man alle Gegenstände, die existieren und die grün sind, in der Klasse der »grünen Objekte« zusammenfasst.

Das klingt unschuldig und ganz und gar selbstverständlich, aber diese logische Form ist nicht notwendig – und Gott hat in ihr keinen Platz. »Gott« ist in dieser Welt, wenn sie so beschaffen ist, ein Objekt neben anderen. Es mag sein, dass viele Gläubige »Gott« genau so sehen, aber diese Sichtweise ist ganz unangemessen. Wie kann »Gott« die Welt »geschaffen« haben, wenn er selbst ein Teil der Welt ist? Wie kann Gott als das Sein die grundlegendste Wirklichkeit von allem sein, wenn er selbst einfach neben allem anderen existiert? Wie sollte dann Schöpfung eine Erklärung für die Existenz der Welt sein? Diese Erklärung ist dann notwendig unzureichend, weil die Existenz Gottes unerklärt bleibt. Warum sollte dann die Existenz der anderen Objekte erklärungsbedürftig sein, die Existenz Gottes aber nicht? Was bedeutet es dann, dass Gott transzendent ist, jenseits und über allem anderen und gleichzeitig grundlegend und in allem anderen? Alle diese Probleme mit dem Begriff »Gott« sind ein Grund für den Buddhismus, auf diesen Begriff zu verzichten.

Das Christentum hat in den ersten Jahrhunderten eine ganz andere Philosophie, nämlich den Platonismus, als Grundlage gewählt, und das ist kein Zufall. Später, im Hochmittelalter, hat es Elemente des Platonismus und des Aristotelismus miteinander verschmolzen, in einer großen Synthese. Das Denken des Platonismus ist für die heutige Zeit ziemlich fremd. Denn für den Platonismus sind es nicht Gegenstände, Objekte, die zunächst existieren, sondern eher das, was den Eigenschaften entspricht. Die Gegenstände existieren, indem sie Anteil an diesen Eigenschaften haben. Gott ist dann das Sein, aber dieses Sein ist nicht neutral, wie der Existenzquantor der modernen Logik, sondern es ist verbunden mit dem Einen, dem Wahren, dem Guten und dem Schönen. Indem etwas wahr und gut und schön ist, hat es Anteil am Göttlichen, und in gewisser Weise hat alles, was existiert, daran Anteil, also auch am Wahren, Guten und Schönen.

Oben wurde die Schöpfungsgeschichte der Bibel zitiert. Dass die Welt geschaffen ist, heißt, dass sie gut ist, denn sie hat Anteil am Einen, Wahren, Guten und Schönen. Von »Gott« zu sprechen ist missverständlich, weil es das Bild enthält, dass dieses Objekt (oder diese Person) Gott neben den anderen Objekten existiert. Angemessener ist es, zu sagen, dass alles »göttlich« ist, wobei die Göttlichkeit in unterschiedlichem Maß durchscheint.

Wenn die Welt in dieser Weise gesehen wird, also so, dass die Dinge existieren, indem sie Anteil an den Eigenschaften haben, dann ist das eine Welt, in der das Geistige grundlegender ist als das Materielle.

Einen solchen Vorrang des Geistigen (oder wie immer man es nennen will) findet man auch in der indischen Philosophie des Advaita, er liegt dem Yoga und dem Hinduismus zugrunde, und – in der Abgrenzung davon – auch dem Buddhismus. Das Geistige dem Materiellen vorzuordnen erscheint allerdings dem modernen Weltbild ganz fremd, wenn man von esoterischen Kreisen absieht. Der Materialismus hat gewonnen, das Geistige wird im modernen Weltbild auf Materie reduziert, allenfalls bleibt noch eine kleine Nische dafür übrig. Für die Existenz dieser Nische spricht dann noch, dass ein Grundproblem der zeitgenössischen Philosophie die Frage nach dem Bewusstsein ist. Woher kommt es, dass Menschen und andere höher entwickelte Lebewesen Bewusstsein haben? Ist es ein Ergebnis einer bestimmten komplexen Organisation von Materie, oder ist Bewusstsein etwas so anderes, dass es dafür eine eigenständige Erklärung jenseits des Materiellen braucht?

Es gibt dazu auch radikale Ansichten im Sinn eines Vorrangs des Geistigen. Der Physiker und Nobelpreisträger Erwin Schrödinger, einer der Pioniere der Quantentheorie, vertritt die Auffassung, dass eigentlich nur das Geistige existiert und die Materie lediglich eine Erscheinungsform des Geistigen ist. Das erscheint aber nicht nur wenig plausibel, es entwertet auch die materielle Wirklichkeit, in der wir leben. In der philosophischen Tradition des Christentums wurde daher der Platonismus mit dem Aristotelismus verbunden, in dem die Materie weniger abgewertet wird.

Alles das bleibt Spekulation. Für die religiöse und spirituelle Sicht auf die Wirklichkeit ist nur wichtig, dass ein materialistisches Weltbild nicht aus der Naturwissenschaft folgt. Hierzu gilt dasselbe, was oben schon über die Behauptung gesagt wurde, nur die Naturwissenschaften könnten wirkliche Erkenntnis bringen. Der Materialismus ist eine philosophische Behauptung, keineswegs ist er eine naturwissenschaftliche Erkenntnis. Ein spiritueller Mensch kann seiner Erfahrung der geistigen Welt genauso vertrauen wie er den Erkenntnissen der Naturwissenschaften trauen kann.

Was ist Religion?

Der japanische Philosoph Keiji Nishitani schreibt:

>*»Die Frage: ›Was ist Religion?‹ enthält zugleich auch die Frage: ›Welchem Zweck dient Religion, und weshalb brauchen wir sie?‹ ›Was ist Religion?‹ ist eine Frage, die häufig gestellt wird. In der Frage selbst steckt jedoch ein Problem. Einerseits ist Religion für den, der diese Frage stellt, noch keine Notwendigkeit geworden. Die Notwendigkeit von Religion hat sich ihm noch nicht gezeigt. Ja, die Frage enthält das Eingeständnis, dass Religion für ihn noch keine Notwendigkeit geworden ist. Andererseits liegt es in der Natur der Religion, dass gerade ein solcher Mensch Religion braucht. Kurz, das Verhältnis, in dem Religion zu uns steht, ist widersprüchlich, da dem Menschen, für den Religion nicht notwendig ist, gerade deswegen Religion nottut. Von keiner anderen Sache lässt sich dies sagen.«*[28]

Religion, so führt er aus, ist für den Menschen eine andere Art von Notwendigkeit als andere Bedürfnisse, wie Essen,

Wohnen, Kunst, Gelehrsamkeit. Diese sind notwendig
»für den Fortschritt der Menschheit, für das eigene Glück,
die eigene Bildung und so fort«. Religion hat mit einem
anderen Typ von Problem zu tun: »Religion ist ein Problem, das für das Leben selbst lebenswichtig ist. Ob man
ein Leben lebt, das in Richtung auf seinen endgültigen
Verfall dahinwelkt, oder ob man des ewigen Lebens teil-
haftig sein kann, ist für das Leben selbst von höchster Bedeutung.«[29]

Religion dient in diesem Sinn nicht dem Menschen,
sie erfüllt keinen Zweck, sie trägt nicht einmal zum Wohlergehen bei, zumindest ist das nicht ihre hauptsächliche
Bestimmung. Solange ein Mensch den Sinn seines Lebens
in der Weise sucht, wie und wodurch er oder sie Erfüllung
finden kann, was zum eigenen Wohlergehen wie beitragen
kann, bleibt der Sinn von Religion verschlossen.

> *Wenn diese Daseins- und Denkweise, in der wir uns
> zum telos (Ziel) aller anderen Dinge machen, erschüt-
> tert wird und die dieser Haltung entgegengesetzte Fra-
> ge auftaucht: ›Wozu existieren wir selbst denn?‹, tut
> sich erst der eigentliche Ort auf, von dem aus Religion
> in Sicht kommt.«[30]*

Religion ist tatsächlich in diesem Sinn zu nichts zu gebrauchen. Auch wenn nach dem gesellschaftlichen Nutzen von Religion, ihrem Beitrag zur Moral und Ordnung,
gefragt wird, steht die Frage in Widerspruch zu dem, was

Religion eigentlich ist. Erst in der Umdrehung des Lebens weg von der Frage, »was mir nützt«, hin zur Frage nach dem Sinn, weg vom Ego, um das sich alles dreht, hin zu einer Weltsicht und zu einer Einstellung, in der es kein Ich als Mittelpunkt gibt, erst in dieser Umdrehung zeigt sich Religion und zeigt sich, was dem Leben Sinn gibt.

Nishitani spricht von der Notwendigkeit von Religion. Notwendig in diesem Sinn ist genau diese Umdrehung der Weltsicht. Ob das dann Religion genannt wird, ist zweitrangig und hat keine tiefere Bedeutung. In gewisser Weise gehört es sogar zum Wesen von Religion, sich selbst zu überschreiten:

»Das Höchste und das Äußerste, was der Mensch lassen kann, das ist, dass er Gott um Gottes willen lasse«, so ein Ausspruch von Meister Eckhart.[31]

Ganz entsprechend gibt es einen berühmten Zen-Spruch, der noch provozierender ist: »Wenn du dem Buddha begegnest, töte ihn!«

Auf dem Gipfel des Erlebens der Transzendenz gibt es keine Religion, keinen Gott, nichts, nur Vollkommenheit. Religion kann im Abstieg von diesem Gipfel entstehen, wieder hinein in die konkrete Welt. Dieser Abstieg ist allerdings keine Minderung des Gipfels, sondern die Vollendung des Gipfels. Er verbindet Himmel und Erde. So kann auch Religion ein Ausdruck der Transzendenz werden und diese in die gewöhnliche Wirklichkeit hineintragen.

Die Faszination des Seelischen

Einen religiösen Weg und einen Meditationsweg im eigentlichen Sinn gibt es nicht als Lebensabschnittsprojekt und noch viel weniger als Kurseinheit mit Zertifikat, das einen bestimmten Lernerfolg bescheinigt. Einen Weg der Meditation oder sonstigen religiösen Übung zu gehen, setzt eine regelmäßige und konsequente Übung voraus, in aller Regel täglich geduldig über Jahre hinweg beziehungsweise letztlich ohne Ende und Ziel. Das Leben muss eins werden mit diesem Weg. Das gilt für jeden ernsten spirituellen Weg.

Wer einen solchen inneren Weg geht, wird sich zunächst mit seiner Seele auseinandersetzen (müssen). Mit Seele bezeichne ich in diesem Zusammenhang nicht das Konzept der unsterblichen Seele, das aus der Tradition der griechischen Philosophie in das Christentum hineingewandert ist. Ich meine damit die Welt der Gefühle, aber auch viel mehr als das. Es ist eine Welt von Bildern und Geschichten, von verborgenen Wünschen und Antrieben, eine Welt von »Energien«, eine sehr bunte und reiche Welt.

Wenn Menschen mit intensiver Meditation beginnen, werden sie am Anfang oft – und das kann einige Jahre andauern – in harte seelische Auseinandersetzungen geführt, die erst einmal das Bewusstsein ganz in Beschlag nehmen. Am stärksten ist dieser Effekt meist für junge Menschen.

Schnell kann daraus ein Missverständnis entspringen. In dieser Auseinandersetzung und als Folge dieser Auseinandersetzung mit dem seelischen Bereich, mit Verletzungen, oft mit verborgener Aggression oder Angst, mit allem Möglichen, erschließt sich ein vorher verborgener Reichtum der Seele. Infolge einer Befreiung von seelischer Last zeigt sich eine neue Welt der Integration des Seelischen. Das ist natürlich gut, und es ist ein notwendiges Element auf dem inneren Weg. Zum Missverständnis wird es, wenn das als Ziel des spirituellen Wegs gesehen wird. Dann wird es zu einem Schwelgen in Gefühlen und Bildern und verborgenen inneren Schätzen. Das kann eine große Faszination entwickeln.

Dieses Missverständnis wird durch den Spiritualitätsmarkt befördert. Auf vielen der Schachteln, die in diesem Supermarkt zu kaufen sind, steht Spiritualität drauf, aber es geht tatsächlich um das Seelische, das Psychische.

Zum modernen Glück gehört ganz notwendig die Selbstverwirklichung – auch zum Glück in der Transzendenz. »Selbstverwirklichung« hat unterschiedliche Bedeutungen, und eine Unterscheidung in drei Ebenen kann helfen, den angesprochenen Punkt zu verdeutlichen.

Zunächst ist Selbstverwirklichung einfach die platte Erfüllung der eigenen Wünsche. Für manche Menschen ist es wichtig, zu lernen, sich selbst zu behaupten. Ein Irrweg des religiösen Lebens ist es, wenn Menschen eine falsche Demut lernen und nicht mehr für sich eintreten können. Ernst Bloch zeigt in seinem Buch »Naturrecht und menschliche Würde«[32], dass eine menschliche Gesellschaft nur dann einigermaßen gerecht sein kann, wenn

Menschen für ihre Rechte kämpfen, und damit auch für die Rechte ihrer Nachkommen. Sonst nehmen immer wieder die Mächtigeren und Rücksichtslosen den anderen ihre Rechte weg. Selbstverwirklichung auf dieser Ebene kann also sehr sinnvoll sein, sie kann aber auch rücksichtslos sein. Es handelt sich um Selbstverwirklichung auf der Ebene der Ego-Interessen, die immer auch in einer Spannung zu den Interessen der anderen stehen.

In Absetzung davon gibt es auf der zweiten Ebene der Selbstverwirklichung die Unterscheidung von »Ich« und »Selbst«. C. G. Jung hat diese Unterscheidung in der westlichen Psychologie populär gemacht. Es gibt dazu eine Entsprechung in der indischen Philosophie des Yoga. Die Erlösung, das Nirvana, bedeutet in dieser Auffassung des Yoga, dass das einzelne »Ich« erkennt, dass es eine Verwirklichung der großen Weltseele, des Brahman, ist. Im meditativen Erkennen kann jeder und jede Einzelne in diese ursprüngliche Einheit der Weltseele zurückkehren. Einheit und die Auslöschung des Ich sind nach dieser Auffassung die Grundprinzipien der inneren Befreiung. In der östlichen Ausprägung ist das fast immer mit einer gewissen Abwendung von der Welt verbunden, die im Vergleich mit der Verschmelzung mit der Weltseele als unwichtig betrachtet wird.

Die tiefenpsychologische Auffassung von Jung ist zwar nicht mit dieser Auffassung identisch, sie unterscheidet aber in Entsprechung dazu zwischen dem Ich und dem Selbst. Das Selbst entspricht dem Brahman, der Weltseele.

Selbstverwirklichung ist in diesem Sinn nicht die Verwirklichung des kleinen, begrenzten Ich, sondern die Entdeckung und Verwirklichung des Selbst, das die Grenzen des Ich sprengt. Diese Auffassung von Selbstverwirklichung in ihrer psychologischen Ausprägung geht über die erste weit hinaus, die auf der Ebene der Ego-Verwirklichung verweilt. Aber diese Art der Selbstverwirklichung bleibt auf einer anderen Ebene stehen, der des Seelischen. Zumindest besteht die Gefahr, gerade deshalb, weil dieser Schritt als sehr befreiend erfahren werden kann und weil er eine neue innere Wirklichkeit erschließt. Und ganz schnell und kaum bemerkt wird aus diesem Selbst eine neue Überhöhung des kleinen Ich.

In der Tradition des Buddhismus wird die Überwindung dieser zweiten Ebene der Selbstverwirklichung, der Schritt in die dritte Ebene, mit dem Konzept des Nicht-Selbst, also der Verneinung einer Existenz des Selbst, ausgedrückt. Wirkliche Transzendenz zeigt sich erst in einer noch weiteren Überschreitung, in der es auch kein Klammern mehr an ein Selbst gibt, kein Klammern mehr an gar nichts.

Von Jesus ist das berühmte Wort überliefert: »Wer mir nachfolgen will, der verleugne sich selbst, nehme sein Kreuz auf sich und folge mir nach. Denn wer sein Leben retten will, wird es verlieren. Wer aber sein Leben verliert um meinetwillen, der wird es finden.« (Mt 16,24–25) Selbstverwirklichung ist Selbstverleugnung. Dies gehört zum Geheimnis und zum Herz der Religionen. Die moderne Spiritualität und Religiosität benutzen die religiösen Traditionen, haben ihnen aber vielfach dieses Herz ausgerissen, zum Beispiel durch die Verwechslung von Transzendenz mit dem seelischen Bereich. Dieses Herz gilt es neu zu ergründen.

Wer den inneren Weg, den religiösen Weg wählt, muss nach der Befreiung durch die Integration seiner seelischen Welt weitergehen. Das ist oft nicht einfach, weil nach der Faszination des Seelischen oft die Langeweile kommt. Nur im Aushalten dieser Langeweile kann der Übertritt in die transzendente Wirklichkeit erfolgen. An dieser Stelle zählt die beharrliche Übung. Während sich zunächst ein Fortschritt in der Übung zeigt, bleibt jetzt der Fortschritt aus, jedenfalls wird keiner mehr wahrgenommen. Die Übung wird letztlich zu einer Form von Hingabe. In gewisser Weise wird sie zu einem Selbstzweck. Meditation und Gebet gewinnen nur dadurch ihre Form, dass sie nicht dazu dienen, etwas zu erreichen, sondern dass sie einfach vollzogen werden. Sie werden im Beharren in der Übung selbst zu einem Ausdruck der Verbundenheit mit dem Absoluten statt zu einem Mittel, um dorthin zu kommen. Sie werden Teil einer Umdrehung der Persönlichkeit, die darin immer durchlässiger wird für das Absolute.

Zur Beharrlichkeit in der Übung fehlt noch eine kritische Bemerkung über das moderne Christentum. Eine der guten Herausforderungen durch das Zusammenleben mit Muslimen in Europa besteht darin, dass diese oft noch regelmäßig beten, mehrfach am Tag. Die Christen dagegen haben im Zuge der Modernisierung ihrer Religion meist alle traditionellen Formen von täglichem Gebet aufgegeben. Dieser Verlust ist eine große Bedrohung für das moderne Christentum in Europa. Es wird auch keinen einfachen Weg zurück geben. Umso wertvoller ist das Geschenk der Meditation, das Christen von den östlichen Religionen empfangen haben. Nicht wenige Christen haben darin eine neue Form der täglichen religiösen Übung gefunden. Ob sie es Gebet nennen, ist zweitrangig, wichtig ist die Beharrlichkeit in der Verbindung mit der transzendenten Wirklichkeit.

Glauben

Die Annäherung an die transzendente Wirklichkeit, an Gott, an das wahre Selbst, das ein Nicht-Selbst ist, oder wie immer man es nennt, geschieht über den Glauben. Auch im Buddhismus, der im Westen manchmal als Religion der Vernunft gegen den Aberglauben des Christentums gestellt wird, ist der Glaube essentiell – Glaube richtig verstanden.[33] Glaube bedeutet nicht in erster Linie bestimmte Aussagen für wahr zu halten, sondern jemandem zu vertrauen, auf etwas zu vertrauen. Der religiöse Glaube hat als Entsprechung nicht den Glauben daran, dass morgen das Wetter so oder so sein wird. Das ist eine Vermutung, und noch dazu eine belanglose. Der religiöse Glaube entspricht dem Vertrauen eines Kindes in seine Eltern, eines Menschen in seine Freunde.

Als junger Mensch habe ich theologische Bücher von Hans Küng gelesen und darin die Auffassung gefunden, dass der religiöse Glaube auf einem Urvertrauen beruht, dass er die Fortsetzung eines allgemeinen Urvertrauens ist. Das hat mich damals erschüttert, weil ich dieses Urvertrauen in mir so nicht gefunden habe. Wie dann glauben? Doch es gibt vielerlei Arten von Glauben, und eine erste Unterscheidung ist die zwischen dem selbstverständlichen Glauben aus einem ungebrochenen Vertrauen und dem Glauben, der durch den Zweifel gegangen ist. Glaube steht nicht in Widerspruch zum Zweifel, ganz im Gegenteil. Allerdings ist der Weg der Zweifler ein anderer als der einfache Weg des ungebrochenen Glaubens. Das wird unten noch ausführlich dargestellt werden.

Es gibt noch eine zweite Unterscheidung in den Formen des Glaubens. Es gibt einen selbstverständlichen Glauben derer, die in einer religiösen Tradition und Gemeinschaft stehen, und es gibt den individuellen Glauben, den Glauben, der nicht so einfach in der Mitgliedschaft zu einer spirituellen oder religiösen Gemeinschaft aufgeht.

Als Jesuit und Priester finde ich mich in der katholischen Kirche als Glaubensgemeinschaft und gehöre zu ihr, bekenne mich zu ihr. Dennoch empfinde ich gegenüber manchen Ausprägungen, wie in dieser Gemeinschaft geglaubt wird, eine große Fremdheit. Das gilt besonders für den Glauben, der den Zweifel als Bedrohung empfindet. Bei einem internationalen katholischen Jugendtreffen war ich einmal mit einer Gruppe von polnischen Jugendlichen oder jungen Erwachsenen konfrontiert, die bei den vorgesehenen Gesprächsrunden über den persönlichen Glauben nicht mehr mitmachen wollten. Einer der Jugendlichen hatte über seine Glaubenszweifel gesprochen, er hatte sogar davon gesprochen, dass er eigentlich gar nicht wirklich an Gott glaubt. Das war für die Leiterin der polnischen Gruppe zu gefährlich, sie wollte da nicht weiterreden. Was ist das für ein Glaube, der so schnell bedroht ist, wo bleibt da das Vertrauen?

Im Theologiestudium habe ich zunächst einmal gelernt, dass wir über Gott nur in »analoger« Weise sprechen können, dass die Wirklichkeit des Göttlichen allem, was darüber gesagt werden kann, eher unähnlich als ähnlich ist. Nachdem das gesagt war, wurde über Gott und Christus und Erlösung oft so gesprochen, als ob es einfache Tatsachen wären, die entweder wahr oder falsch sind. Dieser innere Widerspruch ist ein großes Hindernis für die Glaubensverkündigung, vor allem, weil der Teil über die Unaussprechlichkeit der göttlichen Wahrheit oft ganz weggelassen wird. Dann landet man in einem platten Glauben ohne das Schillernde, Bunte und Tiefgründige der göttlichen Wirklichkeit.

Diese platte Form des Glaubens habe ich nicht nur im Christentum gefunden, sondern auch im Buddhismus, obwohl das dem Buddhismus vom Ursprung her ganz fremd ist. Offensichtlich haben Menschen ein großes Bedürfnis nach klaren Wahrheiten, an die sie sich halten können. Westliche Buddhisten treten oft mit dem Anspruch auf, sie hätten das naive Christentum hinter sich gelassen, zugunsten einer rational fundierten Religion, in der letztlich nur die eigene Erfahrung zählt. Und dann beten sie Glaubenslehren aus buddhistischen Traditionen nach, als ob diese die eine Wahrheit wären. In einer buddhistischen Zeitschrift wusste einer genau Bescheid über die karmischen Auswirkungen von schlechten Taten, er konnte exakt beschreiben, was der betreffenden Person dann im kommenden Leben an Unheil widerfahren wird, in Abhängigkeit von bestimmten schlechten Taten in diesem Leben. Dabei hat Buddha selbst jede absolute Wahrheit seiner Lehren über solche Dinge abgelehnt, und unter den buddhistischen Schulen gibt es eine große Vielfalt in der Lehre.

Die Praxis der Glaubensvermittlung verläuft allerdings in aller Regel gar nicht nach dem Schema, dass man religiöse Wahrheiten erlernt. Christen und Buddhisten werden in eine Tradition aufgenommen oder begeben sich in sie hinein, sie hören Geschichten über die Gründergestalten und die Vorbilder in der Tradition und viele erklärende Geschichten über die Inhalte. Sie werden in eine bestimmte Lebenspraxis eingeführt, sie singen gemeinsam Lieder, gewöhnen sich an bestimmte Bilder, mit denen sie ihren Glauben identifizieren, lernen und hören Gebete oder Rezitationen, feiern Liturgien, meditieren und so weiter. Alles das ist nicht der platte Glaube an scheinbar sichere religiöse Wahrheiten, sondern es ist der schillernde, bunte, lebendige und oft tiefgründige Glaube. Doch dann kommt die Glaubenslehre, und leider wird plötzlich oft suggeriert, man könne präzise und klar die Wahrheit über den transzendenten Bereich kennen, obwohl es doch zum Kernbestand dieser Glaubenslehre gehört, dass das nicht möglich ist.

In der Praxis kommt ein solcher platter Glaube meist nur als Extrem in einem großen Spektrum vor, mit den radikal Suchenden auf der anderen Seite. Und die gewöhnlichen Christen und die gewöhnlichen Buddhisten und anderen Gläubigen und spirituellen Sucher stehen irgendwo dazwischen.

Mich hat der platte Glaube, der Glaube, der den Zweifel als Feind versteht, oft ratlos gemacht. Wie kann man in dieser Weise glauben? An eine bestimmte Wahrheit zu glauben ist doch keine Willensentscheidung! Und wenn, dann ist das ein perverser Glaube. Im Roman »1984« von George Orwell wird die Extremform eines solchen Glaubens dargestellt. Dieser Glaube befähigt die Parteimitglieder des inneren Bereichs zum »Doppelsprech« und »Doppeldenk«:

»Schließlich würde die Partei verkünden, zwei plus zwei ergeben fünf, und du müsstest es glauben. Ihre Philosophie verneinte nicht nur die Beweiskraft der Erfahrung, sondern auch die Existenz einer objektiven Realität. Wirklich erschreckend aber war es nicht, dass sie dich wegen deines Unglaubens umbringen würden. Sondern: Was ist, wenn sie recht hätten? Woher wissen wir eigentlich, dass zwei und zwei gleich vier sind?«

Solche Formen des willkürlichen Glaubens lassen sich in vielen Bereichen finden. Die Fake-News sind eine moderne Erscheinung. Fake-News verbinden Gemeinschaften von Gläubigen, eben von denen, die daran glauben. Dass die anderen nicht glauben, bestärkt nur die Gemeinschaft und damit ihren Glauben. Es gibt auch viel harmlosere Bereiche eines solchen Glaubens, die auf das große Bedürfnis nach einfachen Wahrheiten hinweisen, die die Gläubigen einen können. Ein vergleichsweise harmloser Bereich, der aktuell höchst bedeutsam ist, sind die vielfältigen Lehren über richtige Ernährung. Da schreibt einer ein alarmistisches Buch über die Gefahren von Gluten, und schon geben nicht wenige Menschen viel Geld aus, um ihre Ernährung glutenfrei zu gestalten. Aber nicht nur das: Diese Ernährungsweise wird zum Identifikationsmerkmal einer Gruppe von Menschen. Diejenigen, die dazugehören, haben verstanden, was wichtig ist, um gesund zu bleiben. Die anderen sind die Verblendeten, die es noch nicht wissen. Man kann diesen Glauben als die Verabsolutierung einer im Teilbereich völlig vernünftigen Erkenntnis verstehen: Es gibt Menschen, die auf Gluten allergisch reagieren. Das ist unbestritten. Die offensichtliche Unvernunft entsteht durch eine völlig willkürliche Verabsolutierung dieser Erkenntnis, in diesem Fall wesentlich getrieben durch eine Lebensmittelindustrie, die damit gute Geschäfte macht.

Nach demselben Modell gibt es viele Gruppen unterschiedlichen Glaubens, die miteinander konkurrieren, sich teilweise auch überschneiden, zum Beispiel glukosearme

Ernährung, Verzicht auf Milchzucker und/oder Milcheiweis und/oder Milchfett, Paleo-Diät, Low-Carb-Diät, ketogene Diät und mindestens fünfzig weitere Gruppen von Gläubigen, von denen viele die Welt bekehren wollen. Selbst Ernährungsformen, die im Ansatz vernünftig begründet sind, wie die vegetarische und die vegane Ernährung, gewinnen manchmal einen unnötig fanatischen Geschmack durch die damit verbundene Erlösungsfantasie und Überheblichkeit. Der Veganer, der mit dem Flugzeug in Übersee in den Urlaub fliegt, ist entweder nicht konsequent, oder er hat etwas nicht verstanden, denn seine Flugzeugreise tötet Lebewesen. Er braucht auch gar nicht bis zum Letzten konsequent sein, aber dann sollte er oder sie nicht am Feldzug der Bekehrung zum Verganismus teilnehmen – der zur veganen oder vegetarischen Ernährung gar nicht notwendig dazugehört. Die gibt es auch ohne Fanatismus, ohne Erlösungsfantasie, ohne dass sie zur Ersatzreligion wird, einfach als ehrlichen Beitrag zu einer besseren Welt.

Je größer eine Gruppe ist, je mehr sie den Trend setzt und je mehr sie von charismatischen Personen geleitet wird, die mit starker Autorität führen (ein häufiges Element in spirituellen Gruppen), kommt ein zweites Element hinzu: Das, was ein Mensch für wahr hält, wird von der Meinung einer Gruppe, in der er lebt, und von der Meinung von Autoritätspersonen massiv beeinflusst. Zum Einfluss von Autoritätspersonen ist der Klassiker das erschreckende Milgram-Experiment, das zeigt, dass ganz normale Menschen andere sogar in Todesgefahr bringen, wenn sie entsprechend manipuliert werden. Zum Einfluss der Meinung einer Gruppe gibt es viele sogenannte Konformitätsexperimente. Da sollen Mitglieder einer Gruppe gemeinsame Beobachtungen berichten oder Einschätzungen abgeben. Wenn die große Mehrheit der Gruppe vorher heimlich instruiert wird, offensichtlich falsche Beobachtungen (zum Beispiel über Ereignisse in einem Film) zu berichten oder offensichtlich falsche Einschätzungen zu geben, schließt sich die große Mehrheit der nicht eingeweihten anderen dieser Meinung an. Im ersten klassischen Experiment dieses Typs (1951 von Solomon Asch) sollten Menschen die Länge von Linien vergleichen. Unter dem Einfluss einer offensichtlich falschen Einschätzung der Gruppe schließen sich die meisten der Täuschung an. Sie lügen nicht, sondern glauben tatsächlich, sie hätten sich getäuscht, deshalb schließen sie sich der offensichtlich falschen Meinung an!

Religiöser Glaube kann entsprechend auch durch Autorität oder Konformität entstehen, ohne dass es deshalb ein geheuchelter Glaube ist. Dennoch ist das natürlich kein authentischer und lebendiger Glaube, dahinter steht kein wirkliches echtes Vertrauen in die göttliche oder transzendente Wirklichkeit. In gewisser Weise ist es eine Karikatur des wahren Glaubens, sofern sie nicht zu diesem hinführt. Der Weg zum wahren Glauben ist aber in jedem Fall verbaut, wenn der Glaubenszweifel als Feind gesehen wird. Die Gemeinschaften, die durch Glauben geeint sind, und noch mehr die Autoritätspersonen, die Gläubige um sich scharen, werden den Zweifel immer verdammen, um sich zu beschützen.

Man kann vermuten, dass geschlossene religiöse Gesellschaften (wie der größte Teil Europas lange Zeit geschlossen christlich war) wesentlich nach dem Modell von Autorität und Konformität funktionieren. Das ist, so muss man leider sagen, höchst attraktiv für das institutionelle Interesse dieser Religionen, weshalb zwischen den Mystikern und Charismatikern auf der einen Seite und den Vertretern der Institution auf der anderen Seite immer Konflikte herrschten. In guten Fällen kann die Spannung fruchtbar werden und eine Erneuerung der Institutionen anstoßen.

Die derzeitige Krise des europäischen Christentums wurzelt vor allem darin, dass Konformität und Autorität heute für die meisten Europäer keinen Grund mehr abgeben, christlich zu sein, sondern gerade das Gegenteil nahelegen. In der Lebenssituation der meisten Europäer müssen sie sich gegen die Konformität stellen, um christlich zu sein. Oft wird der Hauptgrund für die gegenwärtige Krise in Skandalen und Missständen verortet, die es tatsächlich gibt. Die gab es aber noch viel ausgeprägter auch in den »Glanzzeiten« des europäischen Christentums, als dessen Einfluss unvergleichlich größer war. Damals war es aber für die meisten einfach normal, dass sie Christen waren, das hat »funktioniert«, oft auch dysfunktional funktioniert.

In dieser Lesart ist diese Krise gleichzeitig die große Chance für das europäische Christentum, zu einem authentischen Glauben zurückzufinden. Es geht dabei nicht oder zumindest viel weniger um die Inhalte des Glaubens als darum, worauf sich der persönliche Glaube gründet. »Der Fromme der Zukunft wird ein ›Mystiker‹ sein, einer, der etwas ›erfahren‹ hat, oder er wird nicht mehr sein.«[34]

Doch noch ein Einwand dazu: Es gibt ein »naives« Christentum (und entsprechend eine »naive« Religiosität in anderen Traditionen), das in seiner Weise ganz authentisch ist und das überhaupt nur durch ein religiös geprägtes Umfeld möglich wird, die sogenannte Volkskirche. Die gibt es entsprechend in allen Religionsgemeinschaften. Man findet das in Deutschland heute fast nur bei älteren Menschen in ländlichen Gegenden. Der Zusammenbruch dieser Religiosität bedeutet zwar eine Befreiung, aber auch einen großen Verlust durch die geschilderten Prozesse der Aufklärung. Diese »naiven« Gläubigen sind in vieler Hinsicht authentischer als manche aufgeklärte, eher intellektuell geprägte moderne Gläubige. Sie vertrauen auf eine religiöse Überlieferung, die durch Vorbilder überzeugt, Vorbilder eines guten und gelungenen Lebens, Vorbilder auf der Suche nach Gott, nach dem Absoluten. Es können Vorbilder sein, denen sie persönlich begegnet sind, vielleicht selbst ganz »einfache« Gläubige, oder Vorbilder aus der Geschichte. Und aus diesem Vertrauen heraus können sie selbst Anteil finden an dem, was ihre Vorbilder gelebt haben. Selbstverständlich spielen persönliches Gebet und gemeinsame Liturgie dabei eine entscheidende Rolle, um in den Erfahrungsschatz der jeweiligen Tradition einzuführen. Diese Gläubigen brauchen nicht notwendig ein existenzielles Ringen um die Wahrheit und die Suche nach dem Absoluten.

Es ist aber so, dass dieser Möglichkeit, Religion zu leben, in Europa schon weitgehend die Grundlage entzogen ist. So schnell wird es auch kein Zurück mehr geben, wahrscheinlich sogar nie mehr. Diejenigen, die das Zurück zur abendländischen christlichen Tradition propagieren, tun es meist aus religionsfremden politischen Gründen. Das schadet der Zukunft der Religion, es ist geradezu ein Ärgernis.

Und noch ein Problem kommt mit der Volkskirche oder den Entsprechungen in anderen Religionsgemeinschaften: Es entstehen vielfältige Möglichkeiten für Machtmissbrauch. Näheres dazu weiter unten.

Religion und Aufklärung

Viele Missverständnisse über das religiöse Leben in der heutigen Welt gründen darin, dass die Situation für Religion und insbesondere für religiöse Gemeinschaften in der europäischen Denkwelt, die durch das Zeitalter der Aufklärung geprägt wurde, sehr unterschiedlich zum Rest der Welt ist. Die US-amerikanische Gesellschaft ist in dieser

Hinsicht gespalten, halb in der Aufklärung, halb draußen. Missverständnisse kommen auch daher, dass der Unterschied nicht vorwiegend durch mehr oder weniger Bildung begründet ist. Dabei sollte man in der Unterscheidung dieser Gesellschaftsformen nicht werten, sondern zunächst verstehen, dass der Unterschied im Zugang zu religiösen Traditionen unterschiedlich ist. Im Christentum lässt sich das Phänomen beobachten, dass in Europa viele Selbstverständlichkeiten des Glaubens nicht mehr funktionieren, die in anderen Teilen der Welt kein Problem darstellen.

Damit ergibt sich eine Verschiebung der Mehrheit der »Gläubigen« weg von Europa. Daraus folgt vielfach ein nostalgischer Wunsch, zurückzugehen, die Aufklärung und ihre Folgen rückgängig zu machen. Dann könne man – so der Wunsch – auch wieder eine vermeintlich heile Welt finden, wie sie in anderen Teilen der Welt für die religiöse Landschaft zu finden ist. Die große Herausforderung für jede Spiritualität und jede Religion in Europa besteht darin, dieser Versuchung zu widerstehen und den harten Weg zu gehen, mit der Aufklärung zu leben. Es reicht nicht, die Aufklärung zu akzeptieren, vielmehr geht es darum, sie mit allem, vor allem auch ihrer Autoritätskritik, wertzuschätzen, als Weg zu einer neuen und reiferen Form der Suche nach dem Absoluten.

Der nostalgische Weg zurück begründet Religion mit dem Glauben an religiöse Autorität, der Autorität von Traditionen oder Personen. Auch die Fixierung auf Gurus aller Art in einer scheinbar aufgeklärten Zuwendung zu östlichen Religionen ist eine nostalgische Flucht in Autorität. In Indien habe ich spirituelle Sucher aus dem Westen getroffen, die ohne innere Probleme zu ihrem Guru beten, weil er ja Gott verkörpert. Tatsächlich stimmt das in der indischen Tradition (mit allen Problemen von Missbrauchsmöglichkeiten, die damit verbunden sind), aber es lässt sich nicht in die europäische Kultur transportieren, ohne in groteske innere Widersprüche zu führen.

Zur Aufklärung gehört, die Verantwortung für seine eigenen Überzeugungen zu übernehmen. Im Christentum ist ein Missverständnis von Glauben verbreitet, der vor dieser Verantwortung flieht: »Das kann man nicht verstehen, das muss man einfach glauben.« Diese Aussage ist völlig unsinnig. Sonst müsste jeder Christ den folgenden Satz glauben: »Në fillim Perëndia krijoi qiejt dhe tokën.« – Auch wenn er nicht Albanisch versteht. Es handelt sich immerhin um den ersten Satz der Bibel. Ein reifer Glaube setzt das Verstehen voraus. Verstehen ist – im Sinn der obigen Ausführungen über naturwissenschaftliche und religiöse Wahrheit – nicht auf objektives Wissen begrenzt. Es liegt im Sinn der Aufklärung ganz in der Verantwortung jedes und jeder Einzelnen, die Welt und das eigene Leben zu verstehen, auch jenseits des Objektiven.

Ein Glaube, der sich einfach auf Autorität stützt, wird, zumindest in einer aufgeklärten Kultur, zum Fundamentalismus. Dabei ergibt sich in der heutigen Zeit noch eine seltsame Allianz. Die »postmoderne« Philosophie reflektiert darauf, dass die Kriterien für Wahrheit immer mehr abhandenkommen. Scheinbar objektive Kriterien erweisen sich als willkürliche Setzungen, die durch kulturelle Übereinkunft überzeugend waren. Tatsächlich haben sich vor allem moralische Maßstäbe im Rückblick immer wieder ganz erstaunlich verschoben. Man denke nur daran, wie selbstverständlich es bis zur Neuzeit akzeptiert war, dass Menschen unterschiedlich geboren sind, mit unterschiedlichem Rechtsstatus. In den USA wurde die Abschaffung der Sklaverei erst in einem blutigen Krieg vor 150 Jahren durchgesetzt, als wäre es nicht »selbstverständlich«, dass es unrecht ist, Menschen zu versklaven. Eine weitere solche Verschiebung, die zeitlich näher liegt, sind die veränderten Auffassungen zur Anerkennung von Homosexualität und unterschiedlichen sexuellen Identitäten.

Aus der beobachteten Veränderung von Maßstäben leitet die postmoderne Philosophie ab, dass es keine objektiven Maßstäbe gibt, sondern dass Maßstäbe immer von Menschen und von Gesellschaften gesetzt werden. Und in dieser Weise kann man dann auch an religiöse Traditionen »glauben«. Es ist in dieser Sichtweise sowieso egal, was man glaubt, also kann man eine solche Tradition für sich erwählen, einfach, weil sie einem gefällt oder weil sie modern ist oder weil man sich damit profilieren kann. Somit trifft sich eine scheinbar mehr als moderne Auffassung mit einem traditionellen Fundamentalismus und bildet ein seltsames Gebräu. Dieses ist unter Kulturchristen in der westlichen Welt zu finden, die mit dem Christentum ein sogenanntes christliches Abendland bewahren wollen, das es so nie gegeben hat und das nur Abgrenzung und Fremdenfeindlichkeit rechtfertigen soll.

Missbrauch

Missbrauch von Macht und speziell sexueller Missbrauch sind eine schreckliche Wunde für religiöse Gemeinschaften und Institutionen. In der europäischen Geschichte kommen Hexen- und Ketzerverfolgungen und andere Schrecklichkeiten dazu. Auch in vielen Kriegen wurde Religion missbraucht, um Herrschaftsinteressen durchzusetzen oder um Konfliktlinien zwischen Völkern zu markieren. Es gibt zwar Gemeinsamkeiten mit Missbrauch in anderen Institutionen, dennoch ist der Skandal im religiösen Bereich weit größer – und zu Recht. Der Widerspruch zwischen dem moralischen Anspruch und der Wirklichkeit ist furchtbar.

Es gibt auch spezielle Gründe, die Missbrauch in religiösen Gemeinschaften begünstigen können und die deshalb besonders beachtet werden müssen. Zwei dieser Gründe sollen hier kurz betrachtet werden, um mögliche Lehren daraus zu ziehen. Das ist keine vollständige Analyse, nur eine Betrachtung, die den Blick für einen bestimmten Aspekt schärfen kann, der in religiösen Gemeinschaften wichtig ist. Ich spreche allgemein über Machtmissbrauch, wobei sexueller Missbrauch eine besonders grausame Sonderform ist.

Ein erster Ausgangspunkt ist die Beobachtung, dass Missbrauch oft gerade von besonders charismatischen, besonders erfolgreichen Führungsfiguren ausgeht. Das findet sich sowohl in Bezug auf Seelsorger in den christlichen Kirchen als auch bei spirituellen Führern in modernen westlichen buddhistischen Gemeinschaften.

Das Charisma und der Erfolg von Führungsfiguren kann dann zerstörerisch werden, wenn die Autorität, der Guru, der Meister nicht mehr kritisiert werden. Es entsteht eine Aura der Erhabenheit und Vollkommenheit um den geistlichen Führer, und seine Schüler bestätigen und erhalten diese Aura aufrecht. Sie haben dadurch selbst Anteil an der Großartigkeit ihres Führers. Zu einem spirituellen Weg gehört in gewisser Weise grenzenloses Vertrauen. Wenn dieses Vertrauen falsch verstanden und ohne Unterscheidung auf die spirituelle Autorität gerichtet wird, dann lädt das zu Missbrauch ein. Das kann von beiden Seiten ausgehen. Es geht als Anspruch von der jeweiligen Führungsperson aus, um Kritik zu vermeiden oder aus Lust am Herrschen. Es kann von der Seite der Missbrauchten aufgenommen und verstärkt werden, als naive Unterordnung, manchmal aus einer Sehnsucht nach Autorität, nach klarer Führung in dieser so unklaren Welt. Die Hauptverantwortung trägt immer der geistliche Führer. Bei Kindern trägt er die alleinige Verantwortung.

Ein Warnzeichen, dass sich so etwas in religiösen Gruppen entwickelt, ist es, wenn Kritiker ausgestoßen werden. Damit gibt es keine Kontrolle mehr. In kirchlichen Institutionen war sexueller Missbrauch in den letzten Jahrzehnten meist damit verbunden, dass Kontrollstrukturen ausgehebelt und durch persönliche Autorität ersetzt wurden.

Die absolute Wirklichkeit tritt dem Menschen, der sich darauf einlässt, mit einem absoluten Anspruch gegenüber. Aber diese Absolutheit darf niemals in weltliche, institutionelle Strukturen oder Beziehungen übertragen werden. Dort ist jede authentische Autorität immer begrenzt durch Selbstbeschränkung, durch Kritik und durch Kontrollmechanismen. Aus den Fällen von Missbrauch kann man viel darüber lernen, dass »spirituelle Wahrheiten« ganz falsch werden können, wenn sie einfach in weltliche Wahrheit übersetzt werden. Bernhard von Clairvaux, ein großer christlicher Mystiker, rief zu Kreuzzügen auf. Er plädierte für »geistliche Soldaten«, für ein geistliches Rittertum. Dabei konnte er an spirituelle Formeln anknüpfen, die vom inneren Kampf sprechen, der auf dem inneren Weg notwendig ist. Mit der Übertragung dieser Formeln in die äußere, politische Welt ist viel Unheil in die Welt gekommen.

Eine zweite Beobachtung ist, dass in religiösen oder spirituellen Gruppen, die von Machtmissbrauch betroffen sind, typischerweise eine starke Gemeinschaft propagiert wird. Jemand, der in die Gruppe kommt, soll stufenweise möglichst viel im Bereich dieser Gruppe leben. Es entsteht ein Insiderdenken, das dazu verleitet, Missbrauch einfach zu übersehen. In solchen Gruppen entstehen manchmal Machtstrukturen und Gewohnheiten, die Außenstehenden absurd anmuten, die aber für die Innenstehenden ganz plausibel sind. Umso mehr wird jeder Bruch mit der Gruppe zur Katastrophe, weil die ganze Plausibilität wegbricht. Das Verleugnen der Widersprüche ist oft der bequemere Ausweg.

Das Göttliche ist vollkommen. Die transzendente Wahrheit ist vollkommen, ohne jeden Bruch, ohne jeden Makel. Aber diese Vollkommenheit darf nicht einfach in den weltlichen Bereich von religiösen Institutionen oder Autoritäten übertragen werden. Es war schon von der »Spiritualität der Unvollkommenheit« die Rede. Die Unvollkommenheit im menschlichen Bereich steht nicht in Widerspruch zur Vollkommenheit des Absoluten, sondern sie ist ein Weg zum Absoluten und sogar ein Ausdruck der Vollkommenheit, indem sie den Bruch des Ego markiert. In der Anerkennung der Unvollkommenheit in allem Menschlichen und Weltlichen kann Macht und Autorität niemals absolut sein. Sie muss vielmehr immer begrenzt und kritisch hinterfragt werden.

Der Zweifel als Weg des Glaubens

In der Begleitung von spirituellen Suchern begegnen mir oft zweifelnde Fragen: Man hat etwas erfahren, erlebt, erkannt, aber ist das auch verlässlich? Ist es nicht einfach nur Illusion? – Erfahrungen der Freiheit, der Einheit, der Erlösung, des Absoluten, Gotteserfahrungen, Erfahrungen des Erwachens oder Erleuchtungen, wie auch immer sie genannt werden.

Tatsächlich widersprechen echte religiöse Erfahrungen zunächst allem, was man kennt, womit man vertraut ist. Und sie widersprechen dem modernen Weltbild. Selbst innerhalb der Religionen scheut man sich immer mehr, den eigenen traditionellen Überlieferungen eine echte Wahrheit zuzugestehen. Vieles wird dann psychologisch umgedeutet. Dann gibt es einen »Buddhismus 2.0«, der sich auch »säkularer Buddhismus« nennt. Dieser schätzt die Methoden der Meditation, lehnt aber die traditionellen Glaubensvorstellungen ab, die damit verbunden sind, beziehungsweise deutet er sie so um, dass sie mit dem modernen Weltbild verträglich sind – so wie der moderne Mensch sein Weltbild versteht. Im Christentum gibt es alle möglichen Formen von säkularen Umdeutungen.

Der Zweifel der religiösen Sucher erwächst gerade daraus, dass sie weder in der äußerlichen Sicherheit einer festen und verlässlichen religiösen Tradition stehen noch in der Beliebigkeit einer willkürlichen, postmodern festgelegten Wahrheit. Vielmehr stehen sie in einer Spannung zwischen einerseits eigenen oft sehr zaghaften Erfahrungen, die verknüpft sind mit Verheißungen der religiösen oder spirituellen Gemeinschaften, und ihren Alltagsüberzeugungen andererseits, die mit den unreflektierten Selbstverständlichkeiten der wissenschaftlich-technischen Welt zusammenhängen.

Dieser Zweifel wird zum großen Teil von einer seltsamen Eigenheit der religiösen Erfahrungen bestimmt. Solche Erfahrungen und Erkenntnisse können höchst überzeugend sein, sie können sich als unumstößliche Wahrheiten, fester und tiefer und verlässlicher als alles andere zeigen. Der Ausdruck »religiöses Erwachen« spiegelt dieses: Nach dem Erwachen ist es völlig klar, dass man vorher geschlafen hat und dass die jetzige Wirklichkeit wirklich ist, nicht der vorhergehende Traum. Doch dann, zurückgekehrt in das alltägliche Denken, erscheinen spirituelle Erfahrungen plötzlich nur noch wie ein Hauch, wie zufällig, sie sind unendlich weit entfernt. Dann wieder ins Erwachen zurückgekehrt, kann man verstehen, woher der Gegensatz kommt. Im Alltagsbewusstsein regiert das Ego, das sich abgrenzt, das sich verteidigt und das auf seinen Vorteil aus ist, gebändigt von Moral, die aber auch auf der Ebene des Ego arbeitet. Damit ist der Zugang zur spirituellen Welt abgeschnitten. Wo ein Ich regiert, kann Gott nicht da sein. Die Vermischung und zunehmende Verbindung dieser sich zunächst widersprechenden Bereiche, des religiösen Bereichs und des Alltagsbewusstseins, das ist die nie endende Herausforderung und Aufgabe eines spirituellen Wegs. Darin verwirklicht sich der Zweifel als Weg zum Glauben.

Zweifel ist Zweifel und bleibt Zweifel

Mir hat ein gläubiger Physikprofessor erzählt, er habe in der Beichte von Glaubenszweifeln berichtet. Daraufhin habe ihm der Priester die Lossprechung verweigert, weil er wegen seiner Zweifel nicht mehr im Stand des Glaubens sei. Welch ein grausamer Unsinn, welch ein Verbrechen am spirituellen Weg eines gläubigen Menschen. Zur religiösen Suche gehört der Zweifel notwendig dazu. Thomas von Aquin, der große Theologe und Philosoph des Mittelalters, schreibt: »Wer Wahrheit suchen will, ohne vorher den Zweifel bedacht zu haben, ähnelt denen, die nicht wissen, wohin sie gehen.«[35] Er fordert einen »universalen Zweifel bezüglich der Wahrheit«[36].

Im Zen gehört es zu den grundlegenden Einsichten, dass Glaube und Zweifel miteinander verbunden und aufeinander verwiesen sind. Im klassischen Kommentar zum »Koan Mu«, das die Grundlage der anfänglichen Übung in vielen japanischen Zenklöstern ist, heißt es: »Lass deinen ganzen Körper mit seinen 360 Knochen und Gelenken und seinen 84 000 Poren zu einem massiven Klumpen des Zweifels werden.«[37] Der Zweifel wird da richtiggehend körperlich verstanden, er soll das ganze Dasein durchdringen.

Dieses Lob des Zweifelns hat zwei Aspekte. Der erste ist, dass jeder ernsthafte religiöse Glaube den Zweifel nach sich zieht. Denn das, wovon die Religionen sprechen, ist unfassbar, wenn man es ernst nimmt. Es handelt sich um eine unfassbare Verheißung von endlosem Glück, das man sich nicht einmal mühsam erarbeiten muss, sondern das einfach geschenkt wird. Dazu kommt, dass die authentischen Religionen ein Menschenbild jenseits aller normalen Vorstellung haben. Christlich gesprochen heißt es, »der Mensch ist als Abbild Gottes geschaffen«. Oder wie es Paulus ausdrückt: »Christus lebt in mir.« Buddhistisch heißt es, jeder Mensch und sogar jedes Lebewesen hat Buddha-Natur.

Man kann sich die Verheißungen der Religion kleinreden, um sie zu zähmen. Dann ist das alles nur symbolisch gemeint, oder die Buddha-Natur beziehungsweise die göttliche Natur des Menschen muss erst mühsam erarbeitet werden. In der christlichen Zähmung des Glaubens versteht man seine eigene göttliche Natur entweder gar nicht oder als durch dicke Schichten von Sünde verdeckt und in diesem weltlichen Leben nie zugänglich, erst in einem Dasein nach dem Tod, wenn überhaupt. In der buddhistischen Zähmung braucht es Millionen Wiedergeburten, durch die man sich langsam nach oben arbeiten kann, indem man schlechtes Karma abträgt, das einen von dieser Buddha-Natur trennt.

Alle diese Zähmungen der Religion sind Betrug. Sie nehmen den Glauben nicht ernst. Um dem Zweifel auszuweichen, verleugnen sie den Glauben. Der wirkliche Glaube stellt sich dem Zweifel, der mit den Verheißungen und Aussagen der Religionen gegeben ist. Er stellt sich diesem Zweifel ganz und gar, ohne Vorbehalt.

Der zweite wichtige Aspekt des Zweifels ist, dass der Zweifel selbst ein wichtiger Weg zum Glauben und zur Wahrheit ist. Eine spirituelle Suche ergibt sich nicht aus einer Nische der Bequemlichkeit heraus. Eine solche Suche kann nur von einem Sehnen nach Befreiung, nach Veränderung, nach Erfüllung ausgehen. Ein gewisses

Maß – und nicht selten ein großes Maß – an Verzweiflung ist fast unerlässlich, um den Weg zur Wahrheit, zur Freiheit zu finden. Das ist der große Wert des Zweifels: der Zweifel als Weg zum Glauben, der Zweifel als notwendiger Teil des Glaubens.

Die allgemeinere Form dieses Zweifels ist die spirituelle Suche. Wer sich mit seinem Leben und mit dem Zustand der Welt einfach zufriedengibt, kann ein bequemes Leben führen, wenn er in eine entsprechend privilegierte Lebenssituation hineingestellt ist. Um aber darüber hinauszugehen, insbesondere um in den spirituellen Bereich vorzudringen, ist eine intensive Suche notwendig. Diese entspringt daraus, dass sich jemand nach Größerem sehnt oder nach Befreiung aus einem Leiden, einem Mangel. Für viele Menschen stellen sich solche Fragen im Angesicht des Todes oder auch der kleinen Tode im Leben, die mit dem Verlust von guten Beziehungen oder anderer wertvoller Dinge einhergehen. Manche leiden auch einfach unter sich selbst, unter ihren Grenzen, unter Schuld. Manche suchen nach einem Sinn im Leben. Und es gibt noch viele andere solche Ansatzpunkte, um einen Weg in den transzendenten Bereich zu beginnen und zu vollziehen. Es gilt dann auf diesem Weg immer wieder die Suche neu lebendig zu halten. Der Zweifel in diesem allgemeinen Sinn ist unabdingbar für einen echten inneren Weg. Gute Religion lebt deshalb weniger von schnellen und klaren Antworten als davon, die innere Sehnsucht zu wecken und lebendig zu halten, die Sehnsucht nach dem ganz Anderen.

Zweifel und Erfahrung

Ein Zen-Koan lautet: »Ich gehe über eine Brücke, und siehe: die Brücke bewegt sich, nicht das Wasser.« Wer schon einmal länger von einer Brücke auf einen Fluss geschaut hat, kennt dieses Erlebnis, dass die Brücke sich bewegt, dass sie fließt. Und doch wissen wir, dass das nur unser Eindruck ist, unsere subjektive Erfahrung, wir glauben es jedenfalls zu wissen. In Wirklichkeit, das wissen wir, fließt das Wasser. Streng genommen ist das aber nicht wahr. Rein physikalisch ist es nur eine willkürliche Wahl des Bezugssystems, die darüber entscheidet, ob die Brücke stillsteht oder das Wasser. Für alle normalen Zwecke ist es einfach praktischer, die Brücke als ruhend anzunehmen, aber dahinter steht keine grundlegende Wahrheit.

Wie steht es um spirituelle Erfahrungen? Sind sie auch nur subjektive Täuschungen? Eine (umstrittene) Studie des Hirnforschers Andrew Newberg[38] mit acht tibetischen Buddhisten in Meditation legt nahe, dass während der Meditation der obere Scheitellappen schwächer durchblutet wird als gewöhnlich. Diese Region des Gehirns ist unter anderem für die Unterscheidung des eigenen Körpers von der Umwelt zuständig. Ist das nicht der Beweis dafür, dass die Einheitserfahrung der Meditation – Einheit mit Gott, Einheit mit der Welt, mit dem Universum – nur eine Illusion ist? Entsprechende Fragen ergeben sich aus anderen Studien zur neurologischen Basis von Religion.

Nochmal zum oberen Scheitellappen und der Einheitserfahrung: Messbar ist – soweit die Studien tragfähig sind – eine Korrelation zwischen dieser Erfahrung und der schwächeren Durchblutung dieser Gehirnareale. Beides tritt also gleichzeitig oder zeitlich verbunden auf. Was aber ist die Illusion? Entsteht durch die schwäche Aktivität des Scheitellappens eine Illusion? Oder erzeugt die »normale« Aktivität des Scheitellappens im »normalen Zustand« des Bewusstseins eine Illusion, nämlich die Illusion einer Entgegensetzung von Ich und Welt? Ist nicht die Illusion dieser Entgegensetzung die Ursache für Streit und Krieg und alles mögliche Leiden? Meine Interessen gegen die der anderen, mein »Volk« gegen andere Völker, meine Religion gegen andere Religionen. Evolutionär lässt sich diese Entgegensetzung als Mittel zum Überleben in einer Welt der ständigen Bedrohung und der ständigen Konkurrenz erklären, eben genau in der Welt, in der sich Evolution abspielt. Unter allen Menschenarten, die im Laufe der Zeit aus dem Stammbaum der Affen entstanden sind, haben sich leider die durchgesetzt, die am besten Krieg machen konnten. Ist die Realität der Entgegensetzung, des Widerspruchs von Ich und anderen, Ich und Welt, die damit Teil unserer gewöhnlichen Selbstwahrnehmung geworden ist, die eigentliche Realität? Oder ist nicht vielmehr die friedvolle Versöhnung dieser Gegensätze, von der die Religionen künden, die tiefere Wahrheit?

Hinter diesem modernen westlichen Zweifel an den religiösen Erfahrungen steht – wie oben beschrieben – ein

Glaube an die Objektivität, an die Ausschließlichkeit der naturwissenschaftlichen Erkenntnis. Die messbaren Gehirnaktivitäten sind gemäß diesem Glauben wirklicher als die Erfahrungen, die damit korreliert sind. Dabei folgt aus den Messungen selbst gar keine Wirklichkeit. Zur Wirklichkeit, die infrage stellt, was der betreffende Mensch erfährt, werden diese Messdaten erst, wenn sie entsprechend interpretiert werden.

Das oben zitierte Zen-Koan vom Menschen, der über eine Brücke geht, stellt sich gegen diesen Glauben an die Objektivität. Es fordert dazu auf, der eigenen Erfahrung zu trauen, so wie sie ist.

Ignatius von Loyola, christlicher Mystiker und Gründer des Jesuitenordens, beschreibt seine Erleuchtungserfahrung: »Als er so dasaß, begannen sich ihm die Augen des Verstandes zu öffnen. Und nicht, dass er irgendeine Vision gesehen hätte, sondern er verstand und erkannte viele Dinge, ebenso sehr von geistlichen Dingen wie von Dingen des Glaubens und der Wissenschaft. Und dies mit einer so großen Erleuchtung, dass ihm alle Dinge neu erschienen. Und es lassen sich nicht die Einzelheiten erläutern, die er damals verstand, obwohl es viele waren; sondern er empfing eine große Klarheit im Verstand, so dass ihm in der ganzen Folge seines Lebens bis über zweiundsechzig Jahre hinaus scheint: Wenn er alle Hilfen zusammenzähle, wie er sie von Gott erhalten habe, und alle Dinge, die er erkannt habe, selbst wenn er sie alle in eins zusammenbringe, habe er nicht so viel erlangt wie mit jenem Mal allein.«[39]

Was hat er da erkannt, in diesem Augenblick, welche Wahrheit, die mehr Erkenntnis in sich trägt als alles andere zusammen, was er in seinem ganzen Leben erkannt hat? War das alles nur Illusion? Für ihn nicht, dieses Erlebnis hat sein Leben grundlegend geprägt. Der Mystiker Ignatius hat an seiner Erfahrung auch festgehalten, als er von der Inquisition inhaftiert war und verhört wurde. Dem Misstrauen der institutionellen Kirche hielt er die Gewissheit seiner Überzeugung entgegen und wurde schließlich nach vielen Mühen glücklicherweise von dieser Institution auch anerkannt.

Die Urform des Glaubens ist der Glaube an diese eigene innere Gewissheit, gegen alle äußere Gewissheit der Gesellschaft und der Institutionen, auch der religiösen Institutionen. Traditionell wurde das als Gewissensfreiheit oder die Verpflichtung gegenüber dem Gewissen bezeichnet. Der Begriff »Gewissen« ist dabei nicht im Sinn der modernen Psychologie gemeint. Im religiösen Sinn ist das Gewissen an die Beziehung zu Gott oder die Einheit mit dem wahren Selbst gebunden. Es weist in diesem Sinn auch über das kleine Ego und seine Interessen hinaus.

An diesem Punkt treffen sich Glaube und Zweifel. Die Treue zur eigenen Überzeugung, zur Wahrheit, die sich jedem Menschen individuell zeigt, und zum Ringen um diese Wahrheit, diese Treue ist eine Grundbedingung für jeden spirituellen und religiösen Weg. Religiöse Traditionen können wertvolle Hilfsmittel auf diesem Weg sein, meist sogar notwendige Hilfsmittel, aber sie ersetzen nie den individuellen Weg.

Der Sinn des Lebens und der Zweifel daran

Wer die Frage nach dem Sinn des Lebens stellt, gilt schnell als Spinner. An meiner Hochschule wurde ein junger Dozent, der ein Seminar mit diesem Titel anbieten wollte, gebeten, wenigstens einen erklärenden Untertitel hinzuzufügen. Es klang den Verantwortlichen zu platt, wenn ein philosophisches Seminar nach dem Sinn des Lebens fragt. Ist das nicht seltsam? Ist das nicht eine zentrale, wenn nicht die zentrale philosophische Frage? Ist es nicht überhaupt die wichtigste und grundlegendste Frage? Warum verbannen wir eine solche Frage aus dem öffentlichen Gespräch? Allenfalls Pubertierenden wird es noch zugestanden, dass sie darüber nachdenken und sich austauschen.

Die Suche nach dem Sinn ist mit der Glückssuche zuinnerst verbunden. Es gibt psychologische Glücksstudien, die zum Ergebnis kommen, dass es besser ist, das Streben nach Glück sein zu lassen und stattdessen nach einem Sinn zu suchen, nach einem Zweck des Lebens, der über das eigene Dasein und die Sorge für sich selbst hinausweist.

Sartre, der Meister der Existenzphilosophie, kam zur Auffassung, dass der Mensch den Sinn seines Lebens setzen muss. Ein Sinn kann nicht vorgefunden werden. Die Freiheit des Menschen besteht nach dieser Auffassung darin, diesen Sinn selbst zu erschaffen. Nur wenn der Mensch von dieser Freiheit Gebrauch macht, gewinnt sein Leben einen wirklichen Sinn.

Das scheint auf den ersten Blick der religiösen Auffassung ganz und gar zu widersprechen und war von Sartre wohl auch so gemeint. Religionen kommen mit dem Anspruch daher, dass sie Sinn geben können. Der Protest Sartres gegen diesen Anspruch ist ein ernster und wichtiger Einwand gegen eine platte Interpretation der religiösen Sinnangebote. Platt wird der Sinn, den Religionen anbieten, wenn er ein äußerer Sinn bleibt, auch wenn es sehr geistig und weltabgewandt klingt. Wer ein religiöses Leben führt und sich entsprechend verhält, um in den Himmel oder das Nirvana zu kommen, ist himmelweit vom Sinn der Religion entfernt. Der Himmel oder das Nirvana werden damit als äußerlicher Sinn aufgefasst, perfekter als alles Irdische, aber im Prinzip auf derselben Stufe. Und vor allem: Dieser Sinn ist dem Ego zugewandt. Man sucht Glück für sich selbst, ohne wirklich die Umkehr zu vollziehen, die zum religiösen Weg dazugehört.

Sartre hat recht, wenn er feststellt, dass am Ende jeder Suche nach Sinn ein Abgrund des Nichts klafft, ein Abgrund der Sinnlosigkeit, weil jeder äußere Sinn immer nur relativ sinnvoll ist. Konkret fallen viele Menschen in dieses Nichts, wenn sie in Rente gehen oder wenn die Sorge für ihre Kinder vorbei ist. Was bleibt dann noch? Die Beschreibung von Sartre ist ganz richtig: Man muss dann einen neuen Lebenssinn schaffen. Die Gesellschaft hilft immerhin, sie stellt einige zur Auswahl. Aber nichts kann das Herz eines ernsthaft Suchenden jemals ganz ausfüllen, wenn es nicht aus dem eigenen Herzen selbst kommt und mit ihm von Grund auf verbunden beziehungsweise mit ihm eins ist.

Die christliche Antwort darauf formuliert Augustinus, wenn er zu Gott betet: »Du warst noch innerer als mein Innerstes und höher als mein Höchstes.«[40] Dieses Innerste kann nur von jedem selbst in seinem Innersten gefunden werden. Der äußere Sinn der Religionen kann nur ein Hinweis für diese Suche im Innersten sein. Nishitani betont[41], und das ist wohl gerade in der heutigen Zeit wichtig, dass es gut ist, in den Abgrund der Sinnlosigkeit ganz einzugehen, ihm nicht auszuweichen. Gerade in diesem Nichts werden das Ego und jeder äußere Sinn ausgelöscht, und es entsteht eine freie Existenz. Diese Freiheit ist aber nicht die willkürliche Freiheit Sartres, sondern die zutiefst verbundene Freiheit, verbunden mit einer Existenz, die immer ursprünglich das Wesen des Menschen war. Man kann es die göttliche Existenz nennen, wenn man nur nicht gleich wieder Gott als etwas Äußeres denkt.

Die schon erwähnte Peinlichkeit der Frage nach dem Sinn des Lebens spiegelt – das darf man vermuten – eine tiefe Sinnlosigkeit des modernen Lebens wider. In den Religionen wird kein Sinn mehr gefunden, und wenn, dann nur als äußerer Sinn. Außerhalb der Religionen bleiben immer nur äußere Sinnangebote übrig. Immer mehr Besitz anzuhäufen entspricht einem primitiven genetischen Programm des Menschen, weil Besitz Sicherheit verschafft. Aber das ist ganz offensichtlich ein hohler Sinn, sobald die Grundbedürfnisse einigermaßen gestillt sind und das Leben einigermaßen bequem ist. Das ist ein gesetzter Sinn, aber viel hohler als jeder gesetzte Sinn nach Sartre, weil es einfach die gesellschaftliche Norm ist, keine wirkliche freie Wahl des Menschen. Der Mensch wird zum Futter für den Kapitalismus, indem er diesen Lebenssinn akzeptiert. Dann gibt es den klein- oder großbürgerlichen Sinn, der sich im Leben mit einem bestimmten Standard einrichtet und damit zufrieden ist, auch meist mit Anpassung an äußere Ideale verbunden.

Ein moderner Sinn wird durch die Hoffnung auf den technischen Fortschritt geschaffen. Die Sinnschöpfer des Silicon Valley malen, wie oben beschrieben, die Utopie einer Welt, in der alle Menschen gut leben können. Durch die Automatisierung sind wir sogar weitgehend vom Zwang der Arbeit befreit, und durch Technik überwinden wir alle materiellen Begrenzungen und sozialen Probleme. Soll man daran wirklich glauben? Und selbst wenn es für einige Menschen Wirklichkeit wird: Diese Utopie wird nie in das grenzenlose Glück der transzendenten Befreiung führen.

Noch einmal zur Existenzphilosophie: Camus' Erzählung »Die Pest« dreht sich um die Figur eines Arztes, der tatsächlich seinen Lebenssinn setzt und in einer verzweifelten Situation selbstlos hilft, ohne deshalb etwas Besonderes aus sich zu machen. Die Faszination solcher Figuren, die es ja auch in der Wirklichkeit gibt, liegt darin, dass sie einen geheimen Zugang zum Sinn gefunden haben. Für jeden, der unvoreingenommen hinschaut, ist das offensichtlich, aber ohne dass man es einfach nachahmen könnte. Der

Zugang muss selbst gefunden werden, und in dieser Hinsicht war Sartre gar nicht so weit weg vom Ideal des religiösen Sinnes, der nur im Innersten gefunden werden kann.

Es geht auch bescheidener: Als 2015 viele Flüchtlinge Schutz in Deutschland gesucht haben, ging im politisch produzierten Getöse über die tatsächlichen und angeblichen Probleme, die damit verbunden waren, die große Welle der Hilfsbereitschaft weitgehend unter. Viele Menschen haben einen Lebenssinn gefunden, zumindest für einen Teil ihres Lebens, und noch dazu einen Lebenssinn, den sie miteinander teilen konnten: bedrohten Menschen zu helfen. Es war ein schreckliches Versäumnis – das ist noch ein viel zu schwaches Wort – vieler Politiker, nicht nur von ganz rechts, dass sie dieser Welle der Hilfsbereitschaft nicht mehr Aufmerksamkeit geschenkt haben. Damit wurde nicht nur weiteren hilfesuchenden Menschen in der Folge die Aufnahme verweigert, sondern es wurden auch die Helfer in der politischen Öffentlichkeit um ihren Lebenssinn betrogen. Man täusche sich nicht: Ohne öffentliche Anerkennung ist es sehr viel schwerer den Lebenssinn zu verwirklichen. Warum ist der öffentliche Widerstand gegen einen solchen wunderbaren Lebenssinn, anderen Menschen zu helfen, so stark? Welche Kräfte sind hier am Werk? Welche Bedrohung wittern sie? Ist es die Provokation, die diejenigen spüren, deren Leben selbst hohl bleibt, weil sie nur im Äußeren, im Besitz, im Klammern an zerfallende Sicherheiten der Tradition, im »Nationalen« oder in sonstigem Blödsinn einen Sinn suchen?

Von der Erlösung zum Leben

Oben wurde schon Dietrich Bonhoeffer zitiert, der die Diesseitigkeit des Christentums betont. Das scheint zunächst paradox zu sein, nicht nur aufgrund der bedrängten und äußerlich hoffnungslosen Situation, in der Bonhoeffer das schreibt. Gerade das Christentum ist als eine ganz und gar jenseitige Religion entstanden. Dieses Paradox kann nicht aufgelöst, aber doch verstanden werden.

Der Begriff des Jenseitigen deutet auf etwas hin, was neben dieser diesseitigen Welt existiert, eben eine göttliche Wirklichkeit. Doch dieser Begriff ist in gewisser Weise widersprüchlich. Das haben die westlichen philosophischen Traditionen erkannt, also die jüdische, die christliche und die muslimische Tradition. Das haben genauso die östlichen Traditionen erkannt.

Wenn das Jenseits einfach neben dem Diesseits existiert, ist es kein wirkliches Jenseits mehr. Wenn es einen transzendenten Bereich neben dem weltlichen Bereich gibt, ist das keine wirkliche Transzendenz. Der Vorhang im Tempel ist wirklich zerrissen. Die Hinwendung zu »Gott« ist nicht eine Abwendung von der Welt, sondern im Gegenteil eine radikale Hinwendung zur Welt, weil Gott nicht als etwas neben der Welt existiert. Gleichzeitig steckt in dieser religiösen Hinwendung zur Welt immer ein Wissen darum, dass die eigentliche Wirklichkeit unendlich größer ist.

Noch konkreter: »Gott ist die Liebe«, so heißt es im ersten Johannesbrief der Bibel. Eine Hinwendung zu Gott gibt es nicht, ohne für die Erde zu sorgen, für soziale Gerechtigkeit, für Frieden, für die »Erhaltung der Schöpfung«. Diese weltliche Sorge ist keine Konkurrenz zum Gottesdienst, sie ist Gottesdienst. Sie ist umso mehr Gottesdienst, wenn sie einfach aus Liebe zu den Geschöpfen geschieht, ohne einen Hintergedanken an Gott.

In der buddhistischen Tradition, genauer in der Madhyamaka-Schule, werden die relative und die absolute Wahrheit unterschieden. Das Ziel des religiösen Wegs ist der »Aufstieg« zur Erkenntnis der absoluten Wahrheit. Diese existiert aber nicht als Etwas, sie ist unaussprechlich und unbegreiflich. Daher verwirklicht sich die absolute Wahrheit nur in der Rückkehr in die relative Wahrheit und darin in erster Linie im »Mitgefühl«. »Mitgefühl« ist nicht romantisch zu verstehen, sondern es entspricht ziemlich genau dem christlichen Ideal der Caritas.

In dieser Weise entfremdet das Jenseitige nicht von der Welt und vom Leben in der Welt. Dazu passt noch einmal das Bonhoeffer-Zitat von oben: »Nicht die platte und banale Diesseitigkeit der Aufgeklärten, sondern die tiefe Diesseitigkeit, die voller Zucht ist, und in der die Erinnerung des Todes und der Auferstehung immer gegenwärtig ist, meine ich.«

»Wenn ich wüsste, dass morgen die Welt unterginge, (…) würde ich heute noch ein Apfelbäumchen pflanzen.« Dieser Spruch wird Martin Luther zugeschrieben. Die Diesseitigkeit von Religion bedeutet auch, die Welt zu schätzen, ihre Schönheit zu schätzen, das Leben zu schätzen. Diesseitiges Leben heißt, sich zu freuen, lebendig zu sein.

Wieder gilt das Paradox, dass erst die Hinwendung zum Jenseitigen diese Freude wirklich uneingeschränkt ermöglicht. Denn das Leben ist begrenzt. Alles Schöne ist begrenzt. Der Tod kommt. Die einzige Gewissheit im Leben ist der Tod.

Es gibt den individuellen Tod und es gibt die prinzipielle Grenze des Lebens. Abgesehen von den menschengemachten Bedrohungen der Menschheit, Klimaveränderung, Krieg, Umweltzerstörung gibt es auch naturgesetzliche Grenzen. Auf der Erde wird das Leben »schon« in einigen 100 Millionen Jahren schwierig werden, weil sich die Zusammensetzung der Atmosphäre verändern wird. Nach etwa einer Milliarde Jahren wird eine deutliche Erwärmung der Erde einsetzen. In einigen Milliarden Jahren wird die Sonne sich ausdehnen und dann explodieren. Die Menschheit könnte vielleicht mit einer fortgeschrittenen Technik auf ferne Planeten auswandern. Aber auch die werden irgendwann lebensfeindlich werden. Das Entropiegesetz hat zur Folge, dass die Möglichkeiten für Leben im Weltall begrenzt und in einer fernen Zukunft endgültig erschöpft sind.

Angesichts dieser Grenzen, der individuellen und der prinzipiellen, ist die diesseitige Freude immer begrenzt – oder auch nicht: Wenn sie das Diesseits im Jenseits sieht, in der größeren Wirklichkeit des Jenseits, dann sind diese Grenzen selbst nur relativ, wie das Diesseits selbst. Dann ist die Hoffnung unbegrenzt, unendlich. Die Ewigkeit ist nicht einfach die unbegrenzte Fortsetzung der Zeit, sondern eine bestimmte Qualität der Zeit. Sie steht sozusagen quer zur Zeit wie eine andere Dimension. Sie verwirklicht sich in der erfüllten Zeit der Gegenwart.

Wie wird Religion politisch?

Zur Diesseitigkeit der Religion gehört politische Aktion, zumindest in der heutigen Welt. Niemand kann sich in dieser zerrissenen Welt seiner Verantwortung entziehen. Ich hatte schon erwähnt, dass die religiösen Fundamentalisten etwas richtig verstanden haben, nämlich die Radikalität, die zu jeder echten Religion gehört. Gleichzeitig empfinden wir zu Recht Unbehagen und sogar Abscheu vor der Weise, wie diese Radikalität oft gelebt wird.

Ein guter Hinweis auf den rechten Ausdruck dieser Radikalität findet sich in der Lebensweise der ersten Christen. Diese wurden vom Römischen Reich bis auf den Tod bekämpft. Sie waren also offensichtlich politisch nicht nur unbequem, sondern höchst gefährlich. Dabei hat keiner von ihnen zu Waffen gegriffen, zum Widerstand oder Kampf gegen den Staat aufgerufen – nichts dergleichen.

Woher kam die politische Brisanz dieser ersten Christen? Sie haben den Kaiserkult verweigert. Der römische Kaiser wurde als Gott verehrt, auch jedes Bild der Kaiser wurde als Gottesbild verehrt. Die Christen haben das verweigert. Für sie wäre diese Verehrung des Kaisers ein

Akt der Untreue gegenüber dem einzig wahren Gott gewesen.

Das kann auch heute der Kern jeder politischen Wendung von Religion sein. Aus religiösen Wahrheiten lässt sich keine ideale Gesellschaftsordnung ableiten. Es lässt sich einfach nicht klar bestimmen, welche Wirtschaftsordnung Gott gemäß ist. Es lässt sich aber in vielen Fällen sagen, welche Ordnungen widergöttlich sind. Religiöse Menschen können aus ihrer Verbundenheit mit der absoluten Wahrheit, mit der göttlichen Wirklichkeit, die Verehrung der falschen Götter verweigern.

Dazu ein Beispiel zum Schluss: Eines der drängenden Probleme der heutigen Welt besteht in der menschengemachten Klimaveränderung und der Begrenztheit der Ressourcen der Erde. Der Klimawandel wird, wenn er so weitergeht, vielen Menschen das Leben auf dieser Erde schwer machen. Die derzeitigen Erfahrungen lassen erahnen, was passiert, wenn nicht nur einige Millionen, sondern einige Hundert Millionen von Menschen auf der Flucht vor einem ansteigenden Meeresspiegel und vor Dürre und Hunger sind. Wenn kein Wunder geschieht, werden sie nicht großherzig mit offenen Armen empfangen werden.

Die Gegenmaßnahmen, die geplant oder diskutiert werden, sind technischer Art. In meiner Jugend gab es noch Slogans wie: »Anders leben, damit andere überleben!« Mit anders leben war gemeint, bescheidener zu leben, sodass die Menschen in den reichen Ländern weniger

Ressourcen dieser Welt verbrauchen, damit andere mehr haben. Auch in der grünen Bewegung wurde am Anfang über eine notwendige Selbstbescheidung nachgedacht. Heute geht das offensichtlich gar nicht mehr. Verzicht zu predigen ist verpönt. Energiesparen ist nur dann sexy, wenn es nicht mit Einschränkungen verbunden ist. Deshalb kann die notwendige Veränderung nur durch technische Maßnahmen kommen, das scheint ein Konsens aller politischen Parteien zu sein.

Kann rechte Spiritualität oder Religion helfen? Sie kann nicht in der Weise helfen, dass sie Anweisungen gibt, was die rechte Politik ist. Aber sie kann helfen, die Vergötzung zu durchschauen und anzuprangern, die in dieser geschilderten Fixierung und Begrenzung auf technische Lösungen liegt. Und weiterhin kann die rechte Verbundenheit mit der Transzendenz, mit Gott, mit dem wahren Selbst, den Weg zu einem anderen Glück ermöglichen, jenseits des immer mehr Haben-Wollens. Und damit ist materielle Beschränkung und ein gerechtes Teilen der Ressourcen der Erde kein Tabu mehr, sondern im Gegenteil eine Erfüllung des transzendenten Glücks. Es gibt eine Bestimmung des Menschen, die weit größer ist als alles, was man jemals besitzen könnte.

Anmerkungen

1 Rabindranath Tagore: *Gedichte*. Freiburg 1975, S. 96.
2 Aus einer E-Mail zur Ausgabe der Zeitschrift der Deutschen Buddhistischen Union vom 25.9.2018.
3 Dietrich Bonhoeffer: *Widerstand und Ergebung*. Gütherloh 1985, S. 183.
4 Anthony de Mello: *Geschichten, die gut tun*. Freiburg ²2001, S. 12.
5 Ebd.
6 Wikipedia zu »Glück«, gesehen am 19.2.2018.
7 Dalai Lama, Howard C. Cutler: *Die Schulung des Geistes für das Glück*. Zit. n. Andrea Löhndorf (Hrsg.): *Glück. Ein Lesebuch zur Lebenskunst*. München 2002, S. 81, hier zitiert nach Wikipedia, gesehen am 19.2.2018.
8 *Lotos-Sutra*, übersetzt von Margareta von Borsig, Freiburg 2013, S. 38f.
9 Friedrich Nietzsche: *Also sprach Zarathustra*. Aus dem vierten Teil.
10 Vgl. https://www.heise.de/developer/meldung/Report-Unternehmen-gewoeh-nen-sich-an-die-Cloud-4250097.html
11 Vgl. https://www.umweltbundesamt.de/publikationen/repraesentative-erhe-bung-von-pro-kopf-verbraeuchen
12 Friedrich Nietzsche: *Also sprach Zarathustra*. Zarathustras Vorrede 3.
13 Ernest Kurtz, Katherine Ketcham: *Die Spiritualität der Unvollkommenheit*. Freiburg 1998, S. 30f.
14 Chögyam Trungpa: *Spirituellen Materialismus durchschneiden*. Zürich 1989, S. 46f.
15 Nach Paul Reps: *Ohne Worte – ohne Schweigen*. Bern 1976, S. 50f. (Angepasst)
16 Chade-Meng Tan: *Search Inside Yourself*. München 2012, S. 283.
17 A.a.O., S. 282.
18 Ignatius von Loyola: *Geistliche Übungen*. Hrsg. von Adolf Haas. Freiburg 1966, S. 25f.
19 Anguttara-Nikaya IX, 34.
20 Martin Buber: *Die Erzählungen der Chassidim*. Zürich 1949, S. 133f.
21 Ebd., S. 195.
22 Dietrich Bonhoeffer: *Widerstand und Ergebung*. Gütherloh 1985, S. 183.

23 Vgl. die Angaben im Dentsu Aegis Network, http://www.dentsuaegisnetwork. com/m/en-UK/DAN%20Ad%20Spend%202018/JAN%202018%20Ad%20 Spend.pdf.

24 Karl R. Popper: *Lesebuch*. Tübingen 1995, S. 107.

25 Heinrich Dumoulin: *Geschichte des Zen-Buddhismus*. Bern 1985, S. 83.

26 Hekiganroku, Fall 6.

27 Mumonkan, Mumons Kommentar zum Fall 35.

28 Keiji Nishitani: *Was ist Religion?* Frankfurt a. M. ²1986, S. 39.

29 A.a.O., S. 39f.

30 A.a.O., S.41.

31 Meister Eckhart: *Deutsche Predigten und Traktate*. Hrsg. von J. Quint. München 1963, S. 214.

32 Ernst Bloch: *Naturrecht und menschliche Würde*. Frankfurt a. M. 1961.

33 Vgl. Sung Bae Park: *Buddhist Faith and Sudden Enlightenment*. New York 1983.

34 Karl Rahner: *Frömmigkeit heute und morgen*. In: Geist und Leben 39 (1966), S. 335.

35 »Illi qui volunt inquirere veritatem non considerando prius dubitationem, assimilantur illis qui nesciunt quo vadant.« Thomas von Aquin: *In metaphysicam*, lib. 3, lect. 1, n. 3.

36 »Universalis dubitatio de veritate«, Thomas von Aquin: In *metaphysicam*, lib. 3, lect. 1, n. 6. Beide Zitate nach einem Text auf der Internetseite von William J. Hoye: www.hoye.de/wahr/zweifel.pdf.

37 Mumonkan, Mumons Kommentar zum Fall 1.

38 Andrew Newberg, Eugene d'Aquili, Vince Rouse: *Der gedachte Gott. Wie Glaube im Gehirn entsteht*. München 2003.

39 Ignatius von Loyola: *Der Bericht des Pilgers*. Übersetzt von Peter Knauer. Frankfurt a. M. 1999, S. 74f.

40 *Confessiones*, III, 6, 11.

41 Keiji Nishitani: *Was ist Religion?* Frankfurt a. M. ²1986. Man beachte vor allem das Kapitel »Nihilismus und Sunyata«, S. 143ff.

Glücklos trotz Wohlstand?

224 Seiten
Klappenbroschur
ISBN 978-3-451-60079-1

Macht ein Sportwagen oder eine Luxusyacht glücklich? Forschungsergebnisse sagen: Nein! Mathias Binswanger macht deutlich, dass wir in einer Gesellschaft leben, die Glück geradezu verhindert. Wie entgehen wir den Tretmühlen der Glücksverheißung: mehr Einkommen, Status, immer neue Chancen, immer noch mehr Zeitersparnis ...? Aus der Sicht eines Ökonomen: ein Buch über die wirklichen Voraussetzungen des Glücks.

In jeder Buchhandlung!

HERDER

www.herder.de

Der kurze Weg zum Glück

128 Seiten | Gebunden
ISBN 978-3-451-60080-7

Glücksfähigkeit ist zweifellos ein, wenn nicht das Herzstück der – sich als ars vivendi et moriendi manifestierenden – Lebenskunst. In einem heiteren Spaziergang durch die Philosophie, Literatur und Kunst zeigt uns Mayer-Tasch, wie wir uns vom irreführenden Gedanken des großen Glücks verabschieden können – und dass das kleine Glück nur ein paar Schritte entfernt ist.

In jeder Buchhandlung!

HERDER

www.herder.de

Wie sieht der Stadtplan unseres Lebens aus?

176 Seiten | Flexcover
ISBN 978-3-451-38446-2

Selten nehmen wir uns die Zeit, alle Dinge, die unser Leben ausmachen, in der Gesamtschau zu betrachten. Petra Altmann vergleicht das Leben mit einem Stadtplan: Ob Schule, Kirche, Rathaus oder Apotheke – alle Bauwerke werden einem Bereich des Lebens zugeordnet. Welcher Bau ist noch in Planung? Wo steht eine »Renovierung« an? Ein Stadtrundgang mit einem klaren Ziel: ein erfüllteres und bewussteres Leben.

In jeder Buchhandlung!

HERDER

www.herder.de